每天改变一点
离成功近一点

用微小的改变，跨出迈向成功的第一步

端木自在◎著

立信会计出版社
LIXIN ACCOUNTING PUBLISHING HOUSE

图书在版编目（CIP）数据

每天改变一点，离成功近一点 / 端木自在著. -- 上海：立信会计出版社，2015.3
（去梯言）
ISBN 978-7-5429-4430-6

Ⅰ.①每… Ⅱ.①端… Ⅲ.①成功心理—通俗读物 Ⅳ.①B848.4-49

中国版本图书馆CIP数据核字（2015）第011041号

策划编辑　蔡伟莉
责任编辑　陈　昕
封面设计　久品轩

每天改变一点，离成功近一点

出版发行	立信会计出版社		
地　　址	上海市中山西路2230号	邮政编码	200235
电　　话	（021）64411389	传　真	（021）64411325
网　　址	www.lixinaph.com	电子邮箱	lxaph@sh163.net
网上书店	www.shlx.net	电　话	（021）64411071
经　　销	各地新华书店		

印　　刷	固安县保利达印务有限公司	
开　　本	720毫米×1000毫米	1/16
印　　张	20	插　页　1
字　　数	258千字	
版　　次	2015年3月第1版	
印　　次	2015年3月第1次	
书　　号	ISBN 978-7-5429-4430-6/B	
定　　价	36.00元	

如有印订差错，请与本社联系调换

PREFACE

前 言

在这个世界上，有许多事情是我们难以预料的。我们不能控制际遇，却可以掌握自己；我们无法预知未来，却可以把握现在；我们不知道自己的生命有多长，但我们可以安排好当下的生活；我们左右不了变化无常的天气，但可以调整自己的心情；我们无法改变世界，但可以改变自己。

叔本华曾经说过："事物的本身并不影响人，人们只受对事物看法的影响。"对世界的看法，没有绝对的好和坏之分，但有积极与消极之分。消极心态者，会与世界针锋相对，怨天尤人，看待问题永远都会找到消极的解释和借口，最终得到了消极的结果；而积极心态者，总能与世界友好地相处，面对困难总能找到一个恰当的突破方法，并且将方法总结成经验，最终将问题得到完美的解决。因此，智者选择聪明地适应社会，愚人选择笨拙地与世界对抗。

当世界无法改变时，智者选择改变自己，而愚人的做法往往是，当自己不愿意改变时，却企图改变世界。这样，不同的态度和看法造成了不同的结果和命运，而每个人都必定要为此承担和付出代价。

态度是一种神奇的力量。改变了看问题的态度，就改变了解决问题的角度。

改变自己，先从改变做事的态度做起。凡事爱找借口的人，遇到困难会投机取巧地偷懒、应付和逃避，却不会思考怎样想方设法解决难题；遭遇失败会强词夺理地为自己辩解、牢骚满腹地诉苦成功"比登天还难"，却不能建立自信、鼓足勇气向成功发起挑战。而一个有责任感的人，是从来不找借口的。借口的存在只能消磨人的意志和热情，却解决不了任何实质性的问题。

勇于担当责任的人，面对难题会深思熟虑，选择详尽可靠的方法来确保结果的万无一失，而不会仓促地作出决定，草率地行动，以及虎头蛇尾地收工；无论在生活上，还是在工作中，一个人具有负责任的态度往往能够赢得他人的尊重和信赖，把一些难题和艰巨的任务交付给他们，收获的也是放心和称心如意。

改变自己，先要让自己的内心变强大，才会面对人生不畏惧，面对世界不迷茫。

都说"要战胜困难，先战胜自己"。很多事例证明，一些看上去异常强大的困难都是源自内心的恐惧被放大的结果。怯懦、脆弱、不自信、缺乏耐心、意志力不强等各种心理因素阻碍着我们的成功，导致不战自退的失败结果，而连续的挫败感和一蹶不振的萎靡状态足可以击溃一个人的斗志和积极性。实际上，并不是困难压倒了我们，难题难住了我们，困境困住了我们，而是我们被自己的内心所束缚了。一些经验、观念和思维定势让我们在困难面前缩手缩脚，在决策面前优柔寡断，在难关门口不敢突破。解决问题是需要勇气和力量的，战胜困难也要借助信念和意志的支撑，才能跨越鸿沟、攀上成功的顶峰。相信自己，一切就有可能；战胜自己，就等于战胜了第一道难关。

转换心态，变换视角，则世界都为你让路。反之，固执己见，不善改变，则处处碰壁。乐观者从困境中看到希望，悲观者从方法中滋生担忧；强者从坎坷中踏出通途，弱者在挫折中身心被缚。

改变是一种思维，也是一种智慧。改变本身就是一种积极的人生态度。

"实在没办法""对这个世界很无奈"，请立即将这种悲观消极的心灵毒草从心底里彻底根除吧！因为这种失望抱怨的口气无论对自己还是对别人来说都是毫无益处的，它们只能促使你增加失败的次数，降低幸福的指数，且让你的人生之路失去了应有的光彩。

思路决定出路，改变成就幸福。没有解决不了的问题，只有不肯改变的心。人也本没有幸福和不幸之分，只是没有学会换一个角度看世界，不懂得用改变心态的方式去学会拥抱幸福和运气而已。其实，改变并非是一件高不可攀的难事，有时只需要我们学会放下，学会微笑，学会自信和乐观，曾经认定的世界也许就是另外一个模样。

《每天改变一点，离成功近一点》为读者朋友们奉献的是一份别具特色的心灵鸡汤，以养心、修心、强心为主线，用简洁平凡的语言和心灵小故事告诉我们，要借助心态的力量学会与当下世界和睦共处，学会与自己的内心温暖相拥。本书主要通过三大心理能量来改变自己，征服世界，还给心灵以澄澈与安宁：首先，借助平衡内心的能力，帮助我们在浮躁不安的世界里保持内心的淡定和舒适；其次，借助强大内心的能力，帮助我们在变幻无常的世界里从容应对、立命安身；最后，借助拓展内心的能力，教给我们学会用宽容的态度对待世界，从而得到世界对自己的宽容。

书中的心灵感悟文字唯美而温暖，如同一位亲切的心理导师娓娓道来，让你在百忙之中静下心来细细地审视自己、沉淀自己、提升自己，帮助你重新找回自信，发现生活的美好；这些文字也如夏日午后的一杯绿茶，清新而沁人心脾，还你那份久违的心灵澄澈和安闲自在。

Contents

目 录

Part 1　多变的世界，不允许我们有太多的放不下
7步教你在舍与得之间寻找内心平衡点

1. 人生有多种活法，你必须选择一种 …… 3
2. 能舍得就能拥有想要的一切 …… 6
3. 放弃也是一种选择 …… 8
4. 放弃过去那无形的枷锁 …… 10
5. 诱惑面前学会放弃 …… 12
6. 放弃固执才不悲剧 …… 15
7. 遗忘忧伤，你将获得幸福 …… 16

Part 2　人生有七苦，我们不必再强加烦恼的包袱
最简单的9步快乐制造法

1. 快乐是一种能力 …… 21
2. 快乐不能承载太多包袱 …… 24
3. 最简单的快乐制造法 …… 26
4. 不要给快乐设限 …… 28

5. 平淡的生活需要幽默来调剂 …………………… 29
6. 把压力维持在最佳程度 ………………………… 32
7. 人生不要死要面子活受罪 ……………………… 34
8. 别为小事抓狂 …………………………………… 36
9. 让加班充满乐趣 ………………………………… 38

Part 3　世界如此残酷，幸好我们还有爱
7步教你积累爱的正能量

1. 善待他人就是善待自己 ………………………… 43
2. 爱让人生升华 …………………………………… 45
3. 爱心具有强大的力量 …………………………… 47
4. 爱是主动付出 …………………………………… 50
5. 给予爱，获得幸福回报 ………………………… 53
6. 撒播爱，结出希望之果 ………………………… 55
7. 敞开心扉，让爱常驻 …………………………… 57

Part 4　就算世界狠狠待你，你也要温柔待自己
6步提高你的自我价值

1. 别用高标准来为难自己 ………………………… 61
2. 给自己一个目标 ………………………………… 63
3. 不必勉强自己 …………………………………… 65
4. 忙碌中的释放 …………………………………… 68
5. 放纵自己等于自杀 ……………………………… 70
6. 学会赞美自己 …………………………………… 72

Part 5　愚人与世界死磕到底，智者懂得给世界让路
7步改变你的思维方式

1. 开阔视野，换个角度看问题 ·················· 75
2. 跳出思维定势，打破惯性思维 ·················· 77
3. 思考角度主宰对事情的态度 ·················· 79
4. 遇事不钻牛角尖 ·················· 82
5. 逆向思维，超越常规的思维方式 ·················· 84
6. 让想象为你插上翅膀 ·················· 87
7. 拓展思路，激发潜能 ·················· 89

Part 6　当你认为自己被世界遗忘的时候，有人最先想起你
9步改善你的人脉关系

1. 朋友在快乐大道上等你 ·················· 95
2. 编织你的人脉网络 ·················· 97
3. 原谅朋友的过错 ·················· 100
4. 不要过度依赖朋友 ·················· 103
5. 朋友之间不可斤斤计较 ·················· 106
6. 朋友不能拿来利用 ·················· 110
7. 朋友间别怕吃亏 ·················· 114
8. 朋友之间要保持适度的距离 ·················· 119
9. 向优秀的朋友看齐 ·················· 121

Part 7　接纳不完美的世界，世界不像你想象的完美
13步教你做情绪的主人

1. 别抱怨命运不公 ………………………………………… 125
2. 摘下自己的有色眼镜 …………………………………… 127
3. 宽容的人才快乐 ………………………………………… 129
4. 拥有豁达的胸怀 ………………………………………… 131
5. 学会宽容，忘记仇恨 …………………………………… 134
6. 宽容对人对己都有益 …………………………………… 136
7. 学会忍耐，得成于忍 …………………………………… 140
8. 控制你的愤怒 …………………………………………… 142
9. 用温和的语气与人说话 ………………………………… 144
10. 凡事不要意气用事 ……………………………………… 146
11. 处理不良情绪的方法 …………………………………… 150
12. 转移你的情绪注意力 …………………………………… 153
13. 操纵好情绪的转换器 …………………………………… 155

Part 8　我们无法预料成功的次数，但可以减少失败的几率
10步教你克服困难，做成功的强者

1. 无法选择时请超越苦难 ………………………………… 159
2. 要有战胜困难的信心 …………………………………… 161
3. 办法永远比困难多 ……………………………………… 163
4. 困难没有想象中的大 …………………………………… 166
5. 把困难当作机遇 ………………………………………… 168
6. 挫折能够增长人的聪明才智 …………………………… 170

7. 即便在绝境也要抱有希望 …………………………………… 173

8. 失意而不失志 …………………………………………………… 175

9. 点燃生命的激情 ………………………………………………… 177

10. 振作精神，击败厄运 …………………………………………… 179

Part 9　我们无法改变世界的浮躁，但可以安放好淡定的内心
6步教你回归心灵的宁静

1. 拥有一颗平常心 ………………………………………………… 185

2. 平静是福 ………………………………………………………… 187

3. 知足者，快乐永相随 …………………………………………… 189

4. 人生要淡泊名利 ………………………………………………… 191

5. 金钱不是生活的全部 …………………………………………… 193

6. 现代人10大不良心态的调适方法 ……………………………… 195

Part 10　这世界你总能找到一种适合自己的活法
2步教你懂得适者才可生存

1. 人生要顺其自然 ………………………………………………… 211

2. 接受不可避免的事实 …………………………………………… 213

Part 11　抬高自己别人会低看你，放低自己别人会高看你
6步教你低调做人高调处世

1. 低下你那高傲的头 ……………………………………………… 217

2. 低调做人不张扬 ………………………………………………… 219

3. 韬光养晦，大智若愚 …………………………………………… 221

4. 懂得适时收敛光芒 ……………………………………………… 223

5. 学会主动示弱 ………………………………………… 224
  6. 学会低头向人求助 ……………………………………… 226

Part 12　世界的面貌取决于你凝视它的眼光
7步教你用乐观的心态去面对一切

  1. 让心选择乐观 …………………………………………… 231
  2. 烦恼面前要笑一笑 ……………………………………… 234
  3. 凡事要往好处想 ………………………………………… 235
  4. 积蓄于生活的低谷 ……………………………………… 237
  5. 清除心灵的垃圾 ………………………………………… 239
  6. 让心窗看到美景 ………………………………………… 241
  7. 用乐观的心态去面对一切 ……………………………… 243

Part 13　世界给我世俗面，我还世界纯真心
10步教你在复杂的社会把持一个纯净的灵魂

  1. 给心灵一片澄澈 ………………………………………… 249
  2. 让自己的心灵充实起来 ………………………………… 251
  3. 用心感受生活 …………………………………………… 253
  4. 累时抬头看看天 ………………………………………… 254
  5. 栽一颗心灵情感树 ……………………………………… 256
  6. 用音乐来抚慰心灵 ……………………………………… 258
  7. 养一个宠物为伴 ………………………………………… 260
  8. 多种方式教你度过休闲时光 …………………………… 262
  9. 我心已闲，物我两忘 …………………………………… 264
  10. 在游山玩水中放逐自己 ………………………………… 266

Part 14　即便生活有太多的痛苦，我们仍要心存感恩
9 步让你轻松拥有幸福心态

1. 心中有幸福感的人，世界都会被感动 …… 271
2. 品味生活的幸福 …… 274
3. 家是生命中温馨的港湾 …… 276
4. 掌握幸福的秘诀 …… 278
5. 幸福只是一种感觉 …… 280
6. 幸福是一种心态 …… 283
7. 幸福就是活在当下 …… 285
8. 拥有美德就是幸福 …… 288
9. 享受过程也是一种幸福 …… 290

Part 15　战胜自己，你就是世界上最成功的人
6 步教你认识自己，强大内心

1. 战胜自己就是一种超越 …… 295
2. 学会正确评估自己 …… 297
3. 让自己与众不同 …… 299
4. 强人能够掌控自己的心 …… 301
5. 让我投降是绝不可能的 …… 303
6. 和自己的心灵对话 …… 305

Part 1
多变的世界，
不允许我们有太多的放不下

【7步教你在舍与得之间寻找内心平衡点】

1.人生有多种活法,你必须选择一种

春秋战国时期,鲁国有一个人,他特别擅长编草鞋,他的妻子纺的白绸特别漂亮。他们在鲁国生活得并不开心,于是想搬到越国去。有个从越国来的人告诉他说:"你们到了越国,一定会变得很穷的。"鲁国人很奇怪地问是什么原因。

这个人解释说,编草鞋是为了给人穿的,而越国人并不喜欢穿鞋,他们通常都赤脚走路;纺的白绸是为了用来做帽子的,但是越国人也不喜欢戴帽子,而特别喜欢披着长发。如果他们搬到不能施展自己才能的国家去,必然会受穷。

这个例子告诉我们,人们要学会发挥自己的长处,要在自己能够发挥长处的地方活动,否则很容易把自己的长处变成短处。其实,人们如何选择生活和自己的知识背景有很大的关系。因为有些对于某人来说不是资源的东西,对于别人来说可能就是大资源。因此,人们应该开阔自己的视野,看得多、经历得比较多,才有可能有更多的出路。

从前,有个宋国人特别擅长配制防治冻手的药,他家祖祖辈辈都是靠这种药涂抹在手上,然后给别人漂洗棉絮来过日子的。

有一个外乡人听说了这件事情,便找到这个人,愿意以一百两黄金买他的药方。宋国人很快把全家人招在一起商量该怎么办。最后的结果是:自己家祖祖辈辈都干漂洗棉絮的活儿,一年到头也不过赚几两黄金,现在只要出售这个药方就可以一下子得到一百两黄金,那就把

多变的世界,
不允许我们有太多的放不下

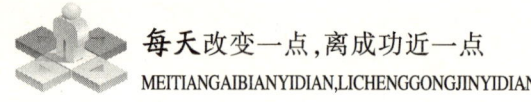

药方卖给他吧!

那个外乡人得到药方后,立即去拜见吴王,向吴王夸赞这种药如何有用。这个时候正好越国出现内乱,吴王就派这个外乡人跟随他的部队去讨伐越国。当时正是寒冬季节,由于他的药很管用,尽管天气很冷,吴军却丝毫没有受到影响,他们和越国军队进行水战,最后将越国军队打得落花流水。吴王得胜后特别高兴,立即就割出一块土地封赏给了这个献药方的人。

这种药能够让手不皲裂,功用始终是一样的。但是,有的人可以利用它得到封赏,而有的人虽然拥有它却依然避免不了继续做漂洗棉絮的苦活,这就是因个人眼界不同而造成的。因此,人们要学会开阔眼界,眼界越开阔,选择的机会越多,成功的可能性就会越大。

人们要想寻找到适合自己做的事情也必须懂得不断选择。从来就没有一生下来就具有先见之明的人,人们都是在有意或者无意地做着各种选择,并且按自己的选择去演绎人生。对于一个人来说,学会选择是必需的,尤其是现代社会,知识更新得很快,如果还抱残守缺,随波逐流,不懂得选择的意义,那么他很可能会在人生道路上迷失方向。因为,人们越会选择,思路就越开阔,所能做的事情就越明确,自然就越有希望生活得比其他人都好。

有一个穷人,生活很困苦,一个富人见他可怜,就起了善心,想帮他致富。富人送给他一头牛,嘱咐他来年好好开荒,等春天来了撒上种子,秋天就可以远离那个"穷"字了。穷人满怀希望开始奋斗。可是没过几天,牛要吃草,人要吃饭,日子比过去还难。穷人就想,不如把牛卖了,买几只羊,先杀一只吃,剩下的还可以生小羊,长大了拿去卖,可以赚更多的钱。穷人的计划如愿以偿,只是吃了一只羊之后,小羊迟迟没有生下来,日子又艰难了,忍不住又吃了一只。穷人想:这样下去不得了,不如把羊卖了,买成鸡,鸡生蛋的速度要快一些,鸡蛋立刻可以赚钱，日子立刻可以好转。穷人的计划又如愿以偿了，但是日子并没有改变，又艰难时，又忍不住杀鸡，终于杀到只剩一只鸡时，穷人的理想彻底崩溃了。他想：致富是无望了，还不如把鸡卖了，打一壶酒，三杯下肚，万事不愁。很快春天来了，发善心的富人兴致勃勃送种子来，竟然发现穷人正就着咸菜喝酒，牛早就没有了，房子里依然一贫如洗。富人转身走了。穷人仍然一直穷着。

就像例子中讲的那样，很多穷人都有过梦想，甚至有过机遇，有过行动，但要坚持到底却很难。

一个富人常为人们所称道的是经历了多么辛酸的创业过程，其间的辛苦多么让人难以想象。其实，富人的辛苦与穷人比起来根本不算什么，大多数富人经历了一阶段的辛苦后便会功成名就，而穷人则不然，他们虽可能不如富人辛苦的程度深，但时间长度却可能超过任何一个富人。试想，一生忙忙碌碌而无所成与短时间内经受磨炼积聚资本、奠定人生基础，对整个人生而言哪个更为辛苦？

当然，穷与富的区别不只在此，我们只是想强调一个人如果不思进取，贪图目前所有，不懂坚持，并不断向生活作出让步，虽能享得一时清闲，却必为一生之辛苦劳碌埋下种子。而许多靠双手致富的人则不然，他们不仅懂得坚持，而且常一件事做起来就很难放弃，因此，辛苦对他们来说只是一时的，尽管以后还要不懈去努力，但生活已然有所改观，何况致富的各项资本一般会越来越丰厚。

所以说，穷与富，放弃与坚持，不思进取与积极努力，这些都是每个人不同选择的结果。但，无论是哪一种活法，你必须选择一种。

多变的世界，
不允许我们有太多的放不下

2. 能舍得就能拥有想要的一切

舍得舍得，大舍大得，懂得放弃的人才会真正拥有自己想要的一切。

历史上永州人都特别善于游泳。有一天，河水突然暴涨，有几个永州人正乘坐在一条小船上。结果刚到江中心，船就漏水了。船上的人只好跳到水里往岸上游。其中，最会游泳的一个人也使出了全身的力气，但还是没有平常游得快。他的同伴很疑惑，于是问他为什么今天这么吃力。那个人回答说："我腰里缠着太多的钱，现在重得不行，所以今天特别吃力。"于是同伴劝他快把钱扔掉，但是这个人说什么也不肯。

过了一会儿，这个人更加没有力气了。那些已经到了岸上的同伴又大声劝说他扔掉钱，他摇了摇头，最后，他沉入水中淹死了。

这个例子告诉我们，为了达到目标，就必须扔掉很多累赘。很多时候，这些累赘会影响目标的实现，因此必须扔掉。舍不得自然得不到。

首先，要舍掉生活的惰性。人一旦形成惰性，做什么事情都很难有激情。即使下定决心做一件事情的时候，也会一遇到困难就想退回到原来的生活状态之中。这就是如果想毁掉一个人，就只需要让他安逸起来的原因。

其次，舍掉目标以外的东西。因为人的时间和精力都很有限，只有把有限的时间和精力放在事业上，才能够确保取得最大的成功。每一个人可能会有很多目标，但最后必须确定一个目标，然后努力将这个目标实现。但许多人常常会有一些不切合实际的想法，总想着为了逃避风险，便多确定几个目标，这样即使一个目标无法实现，另外一个目标也有可能实现。殊不知这种想法是最致命的，多个目标自然分散精力，一个目标无法实现，很容易像多米诺骨牌一样导致一些目标都无法实现。人在面临多个目标时往往不会全力以赴，而会以为这个不行，下个可以补充，以这样的心态，又怎么能实现目标呢？

最后，舍掉以成功者自居的心态，即人要有一种归零心态。不管以前怎么样成功，既然选择了从事新的事业，那么以前的成功都要一概抹掉，一切从零开始，一切从头再来。很久以前成功的经验并不符合今天的实际，但人们往往容易抱残守缺，容易相信自己曾经亲身经历过的一切，于是不相信理性的判断，不相信别人的劝说，一意孤行，坚持按照原来的办法来做，其结果可想而知。

《吕氏春秋》记载了这样一个故事：

有个人路过江边，看见一个汉子正牵着一个婴儿，想要把他投进江里去，婴儿吓得哇哇地乱哭乱叫。这人走上前去问那汉子："你怎么把婴儿往江里投呢？"那汉子说："怕什么？他的爸爸很会游水。"

他的爸爸会游泳，他的儿子难道生来也会游泳吗？很多人有"其父善游，其子必善游"的心态，认为自己曾经成功过，现在成功也是不难的事情，殊不知这是自欺欺人。

多变的世界，
不允许我们有太多的放不下

3. 放弃也是一种选择

  曾经有一个人，每天活得不堪重负，没有丝毫快乐可言，于是他去请教一位德高望重的圣人。圣人让他背起一只竹篓，请他每走一步就捡一粒石子放进竹篓里，他刚走百步，就觉得背上的东西太重受不了了。这时，圣人又把石子一粒一粒地从竹篓里取出，并且告诉他说："这粒是功名，这粒是利禄，这粒是小肚鸡肠，这粒是斤斤计较……"当大半石子被抛出后，这个人背起竹篓走起路来感到轻松多了。这个人在圣人的指点下终于找到了自己不快乐的原因。

  其实，生活本身就是一只竹篓，你把功名利禄统统压在身上，当然会压得自己失去快乐的感觉。如果把这些东西放下，相信快乐定会与你为伴。生活对于每一个人都是公平的，如果你放弃了一样事物，它一定会给你另一种幸福。如果你不舍得放弃阳光的明媚，就不会看见晚霞的美丽，不舍得放弃春天的鸟语花香，就不会拥有秋天的硕果累累；不舍得放弃夏天的绚烂多姿，就不会拥有冬天的雪花飞舞；不舍得放弃童年的无忧无虑，就不会拥有长大成人后的辉煌成就。

  什么都不愿放弃的人，是对生命的最大放弃。在漫漫的人生道路上，如果一个人将一生的所得全部背负在身上，他最终可能会因负重而死。昨天的成就，不能代表今天，更不能代表未来。只要勇敢地放弃自己的过去，放弃那些阻挡你的东西，你就会快乐潇洒地选择另一种生活，从而培养自己对生活的坚定信念。所以，放弃意味着争取。放弃一些你无意或者是无法得到的,才能够更专注、更有力地追求你想要得到的。学会放弃,人生才显得更加积极主动。

在生活中,我们无论如何也不能放弃希望,放弃自己的尊严,不能放弃做人的原则。也就是说,必须放弃懦弱和苟且偷生,正如文天祥一样,放弃了荣华富贵,却达到了"留取丹心照汗青"的崇高境界;正如闻一多一样,放弃了权势利诱,却成为了民族的英雄。正确地选择放弃,才会有一种自豪。

所以,学会放弃,是放弃那种不切实际的幻想和难以实现的目标,而不是放弃为之奋斗的过程和努力;是放弃那种毫无意义的拼争和没有价值的取索,而不是丧失奋斗的动力和生命的活力;是放弃那种对金钱地位的追逐和奢侈生活的贪欲,而不是失去对美好生活的向往和追求。

放弃不是颓废,不是厌世,而是一门学问。人生在世,忙忙碌碌,疲于奔波,常常被强烈的欲望所驱赶,不敢停步,不敢懈怠。如果背上包袱越来越多,越来越沉,却什么都不愿放弃,当收获越来越多的时候,身心也就越来越疲惫。学会放弃,是因为心灵的天空不能塞得太满,就像云朵太多就成了乌云密布,几朵白云飘曳才显出天空的美丽。

放弃,是一种境界,是自我发展的必由之路。只有学会放弃,才能卸下身上的负担,轻松上路,才能激发出新的力量,才会有新的收获。

如果在奋斗的路上,你遇到了烦恼,应该先暂时将烦恼放置一边,去做自己喜欢的事,等到心情平和后再重新面对。这是对痛苦的解脱,也是对愉快生活的接受。

4. 放弃过去那无形的枷锁

如果我们敢于追求,那我们就能找到自己可以享受到的东西。如果我们能不拘泥于已有的东西和别人所给予的东西,而是去寻找属于自己的东西,那我们就能放下心中的枷锁,轻松上路。

柏拉图放弃了对导师苏格拉底的信仰,才创立了自己的理念论;爱因斯坦放弃了牛顿的力学论,才提出了自己的相对论;比尔·盖茨放弃了别人头脑中对哈佛大学的观念,才建立了微软公司。

他们都选择了放弃,结果换来了成功。虽然,并不是每次放弃都能成功,但是如果没有放弃,绝不会有他们那样的成功。

一个人要想真正地生活,要想有所作为,就必须冲破外界因素的影响,就必须破除左右你的思想。一个人如果不想糊涂地度过自己的人生,就不能重复别人制订的程序,就不能让别人的想法成为你行动的按钮。如果你过度地依附他人,那无疑是在贬低自己的智商,把自己的生活依附在他人身上。

你可以吸取他人优秀的思想,可以羡慕他人取得的成就,但却不能成为那个人,而只能做最好的自己。否则,你就给自己戴上了一个永远无法自己站起来的套子。如果你要用他人的标准来解释自己的思想,来衡量自己的行为,那就会看不到自己的成绩,不能勇于为自己的事情担负责任。

如果你学会放弃一味地继承他人的思想,学会放弃他人对你影响,那你的每次放弃都将无愧于自我，都能展现出真正的自我。

放弃能让你迈向成功的彼岸。

如果放弃别人的想法，我们还可以做到，那么，要让我们放弃已取得的成功，再尝试从零开始，可能需要很大的勇气。因为，由自己一手创建的事业，凝聚着自己的心血，每踏出一步，无不付出艰辛的代价，其中的奋斗过程只有自己明白。如果放弃这些，意味着以前的一切努力都将付诸东流。

甚至有可能在新的起点上，我们会输得一败涂地，再也无法翻身。可是，如果你已明确了自己的目标，且已取得的成就已经不能再适应你的发展，不妨试着放弃它，选择另一条发展之路，也许你将发现，现在所走的路才是自己应当走的路，才是自己生命的开始，才是自己一生应该为之奋斗的目标。

这就是生命的乐趣，生命是自己的，路只能自己走。不管是荆棘小路，还是光明大道，只有在不断选择和探索中才能知道，才能体会出苦与甜的滋味。如果生命之路没有风险，那怎能品味人生？学会放弃，或许明天的天空会更宽阔。

如果你认定的唯一一扇大门不再为你敞开，不必再在门前徘徊或撞个头破血流终不醒悟。你要学会放弃，转身寻找一个为你开放的天窗，或许在那儿，你同样能望见满天星斗。

多变的世界，
不允许我们有太多的放不下

5. 诱惑面前学会放弃

从前，有一个人得到了一张藏宝图，上面标明了寻宝的路线。看到藏宝图，他马上心动了，立即准备好了一切出行要用的东西，还特意拿了四五个大袋子，打算用它们来装宝物。一切准备就绪后，他就上路了。在路上，他斩断了荆棘，蹚过了大河，冲过了沼泽地。最后，终于找到了第一个宝藏，宝藏里堆满了发光闪闪的金子。他急忙掏出一个袋子，把所有的金币装了进去。离开这个宝藏时，他看到了宝藏的门上有一行字：

知足常乐，适可而止。

他笑了笑，心想，谁愿意丢下这闪光的金子呢？如果有人丢下了，那这个人肯定是个傻子。于是，他没留下一块金子，而是扛着装有金子的袋子往第二个藏金子的地方走去。又是一堆金子出现在了他的眼前。他高兴极了，甚至有些兴奋，像上次一样，他把所有的金子又放进了一个袋子。当他出来时，他又看见了门上写着一行字：

放弃了下一个屋子中的宝物，你会得到更宝贵的东西。

他没有理会门上的忠告，继续往第三个宝藏走去。第三个宝藏里面堆满了钻石。他发红的眼睛中泛着亮光，贪婪的双手抓起钻石，就往袋子里放。突然他发现，在钻石的下面有一扇小门。他心想，这下面一定有更多更好的东西。于是，他毫不迟疑地打开门，跳了下去。谁知，等着他的不是金银财宝，而是一片流沙。他在流沙中不停地挣扎着，可是越挣扎，陷得越深，最终，他与所有的金子和钻石一起埋在了流沙下面。

有些人，为了得到某些东西，不惜费尽心机去争取，有时甚至会不择手段。可是在他追逐的过程中，可能会失去许多无法计算的东西，得到的东西远不能弥补他所付出的沉重代价。这一点，也许直到最后才会被他发现。

如果这个寻宝的人能在看了第一个忠告后就停手的话，如果在跳下去之前想一想的话，那他就会平安地返回，成为一个真正的富翁。所以说，放弃，从某种意义上讲，是给自己一个生存的空间，是给自己一条成功的路。

在物欲横流、灯红酒绿的今天，摆在每个人面前的诱惑实在是太多了。有时太贪婪，反而毁了已有的大好前程；有时明明知道是别人布好的陷阱，却因为经不起诱惑而陷入其中。其实，如果我们能保持清醒的头脑，能放弃眼前的私利，一定会认清潜在的危险。如果抓住想要的东西不放，只会给自己带来无尽的痛苦，甚至走向死亡。所以，在现实生活中，需要有一种放弃的清醒。

有两个渔夫在海底找到了两大袋金条，在返航的途中，他们的船遭到了台风的袭击，被海浪打翻了。没有办法，他们只好一人拖着一袋金条往岸上游。其中一个渔夫为了保存自己的体力，放弃了属于他的那袋金条。没有袋子的累赘，他马上感到轻松多了。被放手的那袋金条，也渐渐地沉入了海底。另一个渔夫看见后，忙潜到水里，费了好大的劲，才把那袋金条拽起来。他拖着两个沉重的袋子吃力地游着。终于，他耗尽了自己的体力，随着他的金条沉到了海底。最后，放弃金条的渔夫，安全地游上了岸，回到了家。当看到妻子和儿子时，他觉得自己的选择是对的。在失去一袋有价的财富的同时，他赚回了一笔无价的财富——亲情。

人的一生，需要我们放弃的东西太多了。俗话说，鱼和熊掌不可兼

多变的世界，
不允许我们有太多的放不下

得。如果不是我们应该拥有的，我们就要学会放弃。有所得就必然有所失，只有学会了放弃，才能拥有更多，才活得充实。

从前，有个猎人为了抓住猴子，就在一个窄口瓶子里放了猴子爱吃的花生米，然后把这个瓶子放到了猴子经常活动的地方。后来，猴子发现了瓶子里的花生米，便伸手去拿。结果，猴子抓了花生米，握成拳头的手却抽不出来了，但猴子又不愿意空手出来。正在这时，猎人出现了。猴子吓得马上就跑，但套在手上的瓶子影响了猴子的速度，猴子最终被猎人抓住了。

其实猴子只要松手，就可以放下瓶子，但它的贪心却让它不肯放手。结果，猴子为了一把花生米，而被猎人抓住。

很多人往往都会与猴子犯同样的错误，由于太看重眼前的利益，在该放弃的时候不能放弃，结果铸成了大错，悔恨终生。人的一生也是如此，有的人一生忙碌，什么都想要，可到头来却什么都没有得到。

白云放弃蓝天，化作雨水洒落大地是为了哺育生灵；落叶放弃大树，融入泥土是为了滋养万物。放弃是为了获得，放弃喧嚣，是为了获得宁静；放弃黄昏，是为了获得黎明；放弃小利，是为了获得一身正气。

6. 放弃固执才不悲剧

科学家曾对马林鱼做过一个试验：把马林鱼放在一个水池里，水池中间用一大块透明玻璃隔着。马林鱼从一头游到中间的玻璃时，想冲过去，可是却碰到了玻璃。结果它的头被碰破了，但它丝毫没有停止的打算，接着又试图游过去。两次、三次、十多次，马林鱼碰得头破血流，但依然向着玻璃冲去。

有时候，人也会像马林鱼一样，盲目地执著于一件对自己来说不可能的事情。每个人都有自己的兴趣、爱好，都有自己擅长的技能，如果想在自己的弱势方面取得一定的成就，是很难的。对于一个人来说，总有一些事情是做不到的。所以，一个人要想成功就必须把自己的奋斗目标定位在自己所热爱的事情上，而不要选择那些自己毫无兴趣的事情。比如，让一个不喜欢音乐的人去从事音乐创作，那他永远也写不出美妙的音符来，永远也不能靠它来生活，更不能靠它有所成就。如果一个人由于读了几本文学书，就认为自己有文学素养，就要立志当一个作家，那他很可能会浪费许多宝贵的时间。

放弃那些不适合自己做的事情，放弃那些不适宜的工作，在准确地认识自己以后，了解了自己的长处和优势之后，再去定夺自己的目标。把那些用在不可能实现的事情上的时间和精力投入到适合自己干的事情上去，也许很快就能成功。即使一时成功不了，坚持下去也必会有所收获。因此，人生要学会放弃盲目的执著和固执。

多变的世界，
不允许我们有太多的放不下

7. 遗忘忧伤，你将获得幸福

生活如同一面镜子，我们对它笑，它就对我们笑；我们对它哭，它也以哭脸相示。持有什么样的心态，也就决定我们拥有什么样的人生结局。

悲观主义者说："人活着，就有问题，就要受苦；有了问题，就有可能陷入不幸。"即使一点点的挫折，他们也会千种愁绪，万般痛苦，认为自己是天下最苦命的人，一如英国哲学家罗素所形容的"不幸的人总自傲着自己是不幸的"。悲观主义者把不幸、痛苦、悲伤做成一间屋子，然后请自己钻进去，并大声对外界喊着："我是最不幸的人。"因为自感不幸，他们内心便失去了宁静，于是不平、羡慕、嫉妒、虚荣、自卑等悲观消极的情绪应运而生。是他们自己抛弃了快乐与幸福，是他们自己一叶障目，对快乐与幸福视而不见。

乐观主义者说："人活着，就有希望；有了希望就能获得幸福。"他们能从平淡无奇的生活中品尝到甘甜，因而快乐如清泉，时刻滋润着他们的心田。

其实，任何事物本身都没有快乐和痛苦之分，快乐和痛苦是我们对它的感受，是我们赋予它的特征。

同一件事情，从不同角度去看待，就会有不同的感受。一个人快乐与否，不在于他处于何种境地，而在于他是否持有一颗乐观的心。

不过，"乐观"两个字说起来很简单，但做起来并不是那么容易的。

首先，我们必须要学会在逆境中发现光明。一位母亲告诉他的儿子，天真的很黑的时候，星星就要出现了。

如果保持开朗的心境不那么容易做到，你就和乐观的人交朋友吧，他们积极向上的人生态度会感染我们，使我们在不知不觉中变得开朗。

其次，我们要重新学会如何感动、如何爱别人，如何不去计较那些影响快乐的事情，这样我们的每一天都可以是一个崭新的开始，充满了光明和希望。

要记住，人们都喜欢和乐观的人在一起合作。

逃离忧虑的魔掌，树立健康快乐的形象，这是成功人生的第一步！

担忧使许多人无法履行自己的义务，因为这会消耗他们的精力，损害和破坏他们的创造力；而乐观则使人免于担忧，并能使他们将自己的才能和创造力发挥到极致。

深受忧虑之害的人是无法充分发挥其应有才能的。如果处境困难，他就会束手无策。如果焦虑不安，他就会使自己无法做到最好。无论我们需要什么，先要把乐观放在前头。

再次，不要问怎么办、为什么或什么时候，我们只要全力以赴。一定要有希望和信念，这是指引我们成功所必需的。

一位以美丽著称的女演员曾经说过："想变漂亮一些的人绝对不可以忧虑。忧虑意味着所有美丽的毁灭、消亡和破坏，意味着丧失活力，无精打采，意味着多愁善感，意味着无休无止的灾难。不要介意发生的事情，一个女演员绝对不可以忧虑。一旦她懂得这一点，那她就已经驶进了那条保持美丽容颜的高速公路的入口。"

如果一个老是忧虑重重的人能看到一幅他从不担忧时的画像该多好啊！如果他置身于一幅自己忧虑重重时的画像旁，又该是一件令他多么震惊的事情啊！

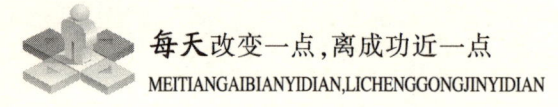

　　他忧虑重重时的模样看上去未老先衰,满脸都充满了恐惧和焦虑的皱纹,充满了极度沮丧和了无生气的表情。忧虑画像中的他似乎要比快乐画像中的他苍老许多,在显出快乐的画像中,他是那样的朝气蓬勃、充满乐观和满怀希望。

　　忘记忧伤,你将获得幸福。

Part 2
人生有七苦，
我们不必再强加烦恼的包袱

【最简单的 9 步快乐制造法】

1. 快乐是一种能力

一天，一位律师到英国国家船舶博物馆参观，以调节他失意的心情。当时，他刚打输了一场官司，委托人也于不久前自杀了。尽管这不是他的第一次失败辩护，也不是他遇到的第一例自杀事件，然而，每当他遇到这样的事情，总是有一种负罪感。他不知该怎样安慰那些在生意场上遭受了不幸的人，那些人有的被骗，有的被罚，也有的因打输了官司，落得债务缠身。

当他在国家船舶博物馆观看那些旧船时，忽然被一艘经历不凡的船吸引住了。这艘船原属于荷兰福勒船舶公司，于1894年下水，在大西洋上曾138次遭遇冰山，116次触礁，13次起火，207次被风暴扭断桅杆，然而它并没有沉没。英国劳埃德保险公司基于它不可思议的经历，将这艘船体变形、创痕累累的船从荷兰买回来捐给国家。据英国《泰晤士报》说，截止到1987年，已有1 230万人参观过这艘船。

这位律师看到这条船后，产生了一个想法：为什么不让那些生意场上的失意者来参观这条船呢？于是，他就把这艘船的历史抄下来，和这艘船的照片一起挂在他的律师事务所里。每当商界的委托人请他辩护，无论输赢，他都建议他们去看看这艘船，自此，在他的委托人中，再也没有发生过自杀事件。

我们的一生，也可以像那艘不沉之船一样，勇往直前。只要我们不放弃希望，乐观地对待人生的每一次挫折。

人生有七苦，
我们不必再强加烦恼的包袱

有一个人把自己多年的积蓄以及全部财产都投资到一种小型制造业上。由于对变化无常的市场把握不当,再加上前几年原料价格不断上涨等原因,他的企业垮了。而此时,妻子又从原来的单位下岗,他处于绝境之中,他对自己的失败、对自己那些损失无法忘怀,毕竟那是他半辈子的心血和汗水。好几次,他都想跳楼自杀,一死了之。

一个偶然的机会,他在一个书摊上看到了一本名为《怎样走出失败》的旧书。这本书给他带来了希望和重新振作的勇气,他决定找到这本书的作者,希望作者能够帮助他重新站起来。

当他找到那本书的作者,讲完了他自己的遭遇时,那位作者却对他说:"我已经以极大的兴趣听完了你的故事,我也很同情你的遭遇,但事实上,我无能为力,一点忙也帮不上。"

他的脸立刻变得苍白,低下了头,嘴里喃喃自语:"这下子彻底完蛋了,一点指望都没有了。"

那本书的作者听了这话,片刻之后说:"虽然我无能为力,但我可以让你见一个人,他能够让你东山再起。"

他立刻跳起来,抓住作者的手,说:"看在老天爷的分上,请你立刻带我去见他。"

作者站起身,把他领到家里的穿衣镜面前,用手指着镜子说:"这个人就是我要介绍给你的人,在这个世界上,只有这个人能够使你东山再起。除非你坐下来,彻底认识这个人,否则你只有跳楼了。因为在你对这个人没有充分认识以前,对于你自己或这个世界来说,你都将是没有任何价值的废物。"

他站在镜子面前,看着镜子里的那个满脸胡须的面孔,认真地看着。看着看着他哭了起来。

几个月之后,作者在大街上碰见这个人,几乎认不出来了。他的脸不再是几十天没刮的样子,脚步也异常轻快,头抬得高高的,衣着也焕然一新，完全是一个成功者的姿态。

他对作者说："那一天我离开你家时，只是一个刚刚破产的失败者。我对着镜子发现，自己也不愿意看到这么颓废的自己，我要改变。现在我又找到一份收入很不错的工作，妻子也重新上岗，薪水也很可观。我想用不了几年，我就会东山再起。"

所以，用乐观的心态去勇敢地面对吧。快乐是一种心态，一种能力。这种心态和能力与挫折和失败无关。如果天下的人们，能用鲜花铺满自己心灵的春天，能用快乐填充自己的平常生活，一个脚印接着一个脚印地走，那么每一个脚印都是一首成功的歌！

人生有七苦，
我们不必再强加烦恼的包袱

2. 快乐不能承载太多包袱

朱阳在某电视机厂当技工，他简直不知"生气"为何物，成天乐呵呵的，见着谁都是笑，在别人看来，仿佛他每天都捡到了钱似的。其实朱阳经济并不宽裕，娶了个老婆比会计师还会算账。原来他抽烟，老婆不乐意，干脆一根也不抽了；原来他不洗衣服，老婆也不洗，干脆他全包去洗了；八小时以外虽是"自由人"，但老婆管得紧，干脆一切都依她的了。尽管这样，朱阳的脸部表情丝毫也不显难色，每当同事们用"妻管严"开他玩笑，朱阳还能振振有词地反诘别人："管不就是爱的表示么？管得越严，爱得越深嘛。"每逢厂领导召集大家训完话，别人是一串串的牢骚，唯独朱阳却一首首地唱起流行歌曲。因为评工资差点没被升上，他老婆到厂里闹了几回，才补上了，而他却事不关己似的没有任何冲动。他认为，快乐最重要，其他事情都是包袱，不用考虑太多。

所有人的人生目标都是为了快乐地生活，而不是为了给自己和周围的人带来痛苦；不是使自己活得拘束，而是为了快乐、舒畅地活在世上。

但是，如果你没有快乐的话，就什么都谈不上了；没有那种愉快生活的真实感受，就无法给人带来快乐。

为此，既不要背上过多的精神包袱，也不要让自己不堪重负；既不要做别人的牺牲者，也不要把别人当做自己的牺牲品。

所以，要以轻松愉快的心情面对各种事物。即使被忙碌的工作弄得筋疲力尽，当一走出单位，也要做一个深呼吸使自己变得轻松起来。总之，不管到了怎样的场合，都要带着新的心情面对新的场景。记住了这一点，你在工作、家庭、娱乐等不同情况下都能聚精会神于彼时彼刻。

　　没有快乐的人，走到任何地方，都似乎被一切所牵绊着。在家里牵制着工作，在单位牵制着家庭，他仅仅是借着为了公司、为了家庭这个漂亮的托词活在世上的，什么生活乐趣都没有。斩断这个恶性循环最好的办法就是多多增加你的出场"镜头"，亮相的机会多了，就能常带着一份崭新的心情。人常说的"从过去的世界向前跨出一步"，指的就是这个道理。

3. 最简单的快乐制造法

快乐有时需要我们自己去寻找、创造。创造快乐可用以下方法：

1.精神胜利法

这是一种有益身心健康的心理防卫机制。在你的事业、爱情、婚姻不尽如人意时，在你因经济上得不到合理对待而伤感时，在你无端遭到人身攻击或不公正的评价而气恼时，在你因生理缺陷遭到嘲笑而郁郁寡欢时，你不妨用"阿Q精神"调适一下你失衡的心理，营造一个祥和、豁达、坦然的心理氛围。

2.难得糊涂法

这是心理环境免遭侵蚀的保护膜。在一些非原则性的问题上"糊涂"一下，无疑能提高心理承受的率值，避免不必要的精神痛楚和心理困惑。

有了这层保护膜，会使你处变不惊，遇烦不忧，以恬淡平和的心境对待生活中各种紧张事件。

3.随遇而安法

这是心理防卫机制中一种心理合理反应。培养自己适应各种环境的能力，遇事总能满足，烦恼就少，心理压力就小。古人云："吃亏是福。"生老病死，天灾人祸都会不期而至，用随遇而安的心境去对待生活，你将拥有一片宁静清新的心灵天地。

4.幽默人生法

这是调和心理环境的"空调器"。当你受到挫折或处于尴尬紧张的境况时，可用幽默化解困境，维持心态平衡。幽默是人际关系的润滑剂，它能使沉重的心境变得豁达、开朗。

5. 宣泄积郁法

心理学家认为，宣泄是人的一种正常的心理和生理需要。当你悲伤忧郁时，不妨对朋友倾诉；也可以通过热线电话等向主持人和听众倾诉；也可进行一项你所喜欢的运动；或在空旷的原野上大声喊叫，既能呼吸新鲜空气，又能宣泄积郁。

6. 音乐冥想法

当你出现焦虑、忧郁、紧张等不良心理情绪时，不妨试着做一次"心理按摩"——随着音乐逛"维也纳森林"，坐上"邮递马车"……

7. 掌握让自己快乐的习惯用语

把你挂在嘴边的消极的习惯用语改成积极的、快乐的习惯用语，你会发现你的每一天都是积极的、快乐的。

不要说"我累坏了"，而要说"忙了一天，现在真轻松"。

不要说"你们怎么不自己想想办法"，而要说"我知道我将怎么办"。

不要总是在集体或组织中抱怨不休，而要试着去赞扬每一个人。

不要说"为什么偏偏找上我，上帝啊"，而要说"上帝，考验我吧"。

不要说"这个世界简直就是乱七八糟"，而要说"我得先把自己家里收拾好"。

4. 不要给快乐设限

不要说:"等我赚到一万美元,我才可以好好享乐。"

不要说:"等我上了那架飞往巴黎、罗马、维也纳的飞机,我就高兴了。"

不要说:"等我到了 65 岁退休时,我就能躺在安乐椅上享受日光浴……"

享乐不应该有"假如"等限定条件。每天的一个基本目标是:你觉得你有权自娱,不论你是一位百万富翁,还是一个身无分文的流浪汉。

一个内心脆弱的百万富翁可能会对自己说:"如果有人把我的所有积蓄夺去,那就没有人会理我了。"

一个内心坚强的人可以对自己说:"如果债主非得逼我和他捉迷藏不可,那我就借这机会好好活动活动。"

不要欺骗你自己。只要你真心想去享受生活的乐趣,你就会发现生活的乐趣。只有你能与你的好运相处——请不厌其烦地重复一句,只有你能与你的好运相处。

5. 平淡的生活需要幽默来调剂

著名科学家爱因斯坦曾经说过:"只要我们活着,我们就要保持幽默感。"生活中不能没有幽默,因为,它是生活不可或缺的调味剂。正如前苏联普里什文所说:"生活中没有哲学还可以对付过去,然而没有幽默,只有愚蠢的人才能生存。"

幽默是人际关系的润滑剂,是人们之间的一种纽带。利用幽默可以化解矛盾,制止不文明的行为,消除敌对情绪。幽默可以使自己免受紧张、不安、恐惧、烦恼的侵害。幽默可以疗伤,可以降低血压,能消除内心的火气。科学家称之为"心理按摩"。

幽默是心理卫生的润滑剂,是调节心理平衡、促进心理健康的良方,能起到心理按摩作用,是一种很好的心理防御措施。幽默能解除尴尬与不安。在尴尬场合,幽默的语言可以使气氛活跃起来。

英国前首相丘吉尔任国会议员时,有个向来行为嚣张的女议员,居然在议席上指着丘吉尔骂道:"假如我是你老婆,一定要在你的咖啡里下毒!"此话一出,人人屏息。然而,丘吉尔顽皮地说:"假如你是我老婆,我一定会一饮而尽!"结果,全场哄堂大笑,紧张气氛随之而解。

幽默能使我们放松,解除工作疲劳,缓解生活的压力。幽默还有助于家庭和睦,活跃生活氛围。良好的幽默感是身心健康的滋补品,它能够帮助我们克服焦虑和忧郁,减轻生活的重负,它能够给心灵带来安详的满足,同时它也是我们游刃社交场合所能穿的最好服饰。

人生有七苦,
我们不必再强加烦恼的包袱

幽默既然有这么多好处,我们一定要学会不时幽他一默。有人认为幽默是很高深的东西,其实不然,只要细心挖掘,每个人都会有幽默感。幽默的方法很多,下面仅列举一二以示之。

1. 正话反说

把欲表达的意思反过来说,可增添不少幽默的成分。

有一次萧伯纳在街上行走,被一个冒失鬼骑车撞倒在地,幸好没有受伤,只是虚惊一场。骑车人急忙扶起他,连连道歉,可是萧伯纳却作出惋惜的样子说:"你的运气不好,先生,你如果把我撞死了,你就可以名扬四海了!"

2. 直言不讳

这种方法就是直接拿自己的某个缺点以幽默的话语主动示人。

邓小平个子矮,他曾经幽默地说:"天塌下来,有高个子顶着。"既坦然承认了自己的缺点,又不致让自己太尴尬。还有这样一个例子:著名画家韩羽是秃顶,他曾经写过一首《自嘲》诗:"眉眼一无可取,嘴巴稀松平常,唯有脑门胆大,敢与日月争光。"让人读后不仅不会笑话他的缺点,反而称赞其乐观大度的为人处世哲学。

3. 以柔克刚

这种方法是不直接回答对方,而是顺着对方的话语,以静制动,变被动为主动。

美国前总统林肯在一次演讲时,有人递他张纸条,上面只写了两个字:"笨蛋。"他举着这张纸条镇静地说:"本总统收到过许多匿名信,全都是只有正文,不见署名,而刚才那位先生正好相反,他只署了自己的名字,而忘了写内容。"林肯以柔克刚,在笑声中不仅替自己解了围,也有力地回击了对方。

4. 偷梁换柱

把另一种事物的特征以移花接木之术转换到此事物上,听后肯定让人忍俊不禁。

我国古代有位皇帝，因处理朝政操劳过度，日渐消瘦。大臣们为其到处寻医，可试遍了各种良方，病情却毫无起色。后来请来了扁鹊，扁鹊诊视完后说："陛下得的是月经不调。"皇帝听罢哈哈大笑："荒唐，我乃男子，何来月经不调之理。"笑得他前俯后仰，可说来也怪，过了不长时间，病情居然慢慢好转起来，不久就痊愈了。因此，幽默也是可以治病的。

6. 把压力维持在最佳程度

前几天报纸上刚刊登了一个女中学生因不堪学习的重负而离家出走的新闻，今天又听朋友说某企业老总因再也无法承受员工整天的讨工资，银行讨贷款，老婆闹离婚的生活而跳楼自杀的消息。这两件事都够令人震惊的。仔细想来，两件事的背后有一个共同的原因，那就是生活的压力太大，以致无法承受，所以才选择了他们自认为最恰当的解决方法。

压力，这个自诩为前进动力的孪生姐妹，已成了都市人的致命伤，它严重影响了都市人的生活质量。

二十一世纪是人类社会历史上发展最快的年代。正是在这段时间里，人类社会戴上了"现代化"的桂冠，也正是在这段时间，人类实现了一个又一个梦想。科技革命、技术创新，使社会以前所未有的速度前进，手机、商务通等通信工具更新换代，人们真正体会到了"科技是第一生产力"的内涵。今天，人类的一个个梦想风驰电掣般与时俱进。科技在发展，社会在进步，各种科技成果、发明创造在使社会不断提速、城市化进程不断加快的同时，也正在不断加速都市人的生活节奏。人们在充分体验高科技成果所带来的前所未有的愉悦的同时，也正忍受着它带给人们的巨大压力。在"时间就是效益""时间就是金钱"等观念的感召下，人们与时间赛跑，丝毫不敢怠慢地填满每一分每一秒，忙工作，忙进修，忙休闲，连吃饭都分秒必争，去吃快餐。在这样的快节奏生活下，工作压力、学习压力等一起向人们袭来。身强力壮、承受力强者，能够战胜压力；心理素质差、承受力弱者，则因压力过大而恐慌、失眠。

压力有内压、外压之分。外压来自家庭、社会、学习压力，工作压力即属于外压。内压缘于自身。贪图富贵者见着比自己有钱的人就感到气短，醉于权势者见着比自己权大的人就心慌，这都属于内压。外压犹如同乘一车的美女，你不能视而不见，只能想方设法把自己的视线转移。内压则如同伊甸园里那引诱亚当夏娃的蛇，除非你有足够的定力，除非你能战胜自己，否则必为其心动。

任何事物都有其两面性，我们应一分为二地看待压力，应该看到它在督促人们前进中的作用。每一个人都有一个压力的承受极限，即阈值，超过这个极限，如不能及时排解，就要出问题。现代都市人压力普遍已超过压力的警戒线，许多人甚至于已经超过阈值，这也正是心理医生日益红火的原因。当然，如果压力太小或没有压力，人们就会失去动力，不思进取。

人生有七苦，
我们不必再强加烦恼的包袱

7. 人生不要死要面子活受罪

死要面子活受罪，这话说得一点也不假。在生活中，总有一些爱慕虚荣的人为了面子而自己给自己找罪受。有些人越是没钱，越爱装阔，兜里明明没有几个钱了，却仍要请朋友进高档饭馆好好吃一顿；对方明明比自己富裕很多，自己却总是抢着买单；与人谈天，总要有意无意与别人说一些自己吃过的大餐，去过的高级场所。仔细想想，要这虚荣有何用呢？只能自己给自己找罪受。吃好喝好体面了，满足虚荣之后，自己却食无米，穿无衣，住无所，行无鞋，困兽一般憋在角落里，何苦呢？由此想到一个比喻：死鸡撑硬脚。鸡虽然死了，可它的脚却还在硬撑着。想想确实有点可笑，死都死了，还硬撑个什么劲儿啊？！

究其爱面子的心理，根源就在于怕别人瞧不起自己，内心忐忑不安，所以当他们面对一件商品时，往往考虑虚荣比考虑价格的时候多，没钱的自卑像魔鬼一样缠得他们犹豫不决，最终屈服于虚荣，勉强买下自己能力所不能及的东西。于是，社会中有了一种怪现象，越穷的人越不喜欢廉价品，越是没有钱的人，就越爱花钱去显示自己。

其实，真正有钱的人未必如此大手大脚。有位身兼数家公司的董事长，他从来不在乎别人对他的称呼——小气财神。他和朋友去餐馆吃饭时，大都随便点一些菜，几杯清茶，仅此而已。他的衣着也很普通，但整洁，并不是什么名牌。他的车子也不是奔驰宝马，就是普普通通的一辆车而已。他的公司业绩很好，而且个人的资产也不菲，但他依然能够不被虚荣所累。

如果你再留心看那些旅游观光的外国客人,他们的穿着打扮,都是很随便和俭朴的,有的真是近于邋遢,事实上,这些人中不乏富裕之人。

面子有时是唬人的面具,光为面子活着是很累很可悲的,其实,一个人有无面子的关键不是富与不富的问题,而在于一个人的品德。有时,"里子"比面子更重要。

8. 别为小事抓狂

有一个人夜里做了个梦，在梦中，他看到一位头戴白帽，脚穿白鞋，腰佩黑剑的壮士，向他大声叱责，并向他的脸上吐口水，吓得他立即从梦中惊醒过来。次日，他闷闷不乐地对朋友说："我自小到大从未受过别人的侮辱，但昨夜梦里却被人辱骂并吐了口水，我心有不甘，一定要找出这个人来，否则我将一死了之。"于是，他每天一早起来，便站在人潮往来熙攘的十字路口，寻找梦中的敌人。几星期过去了，他仍然找不到这个人。结果，他竟自刎而死。

看到这个故事，你也许会嘲笑主人公的愚蠢，做梦乃是一件极其稀疏平常的小事，做噩梦也是常有的事，怎么能为此而大动干戈呢？可生活就有许多人为小事抓狂，为一点小事而和别人闹翻脸，甚至大打出手，这样的例子每天都能看到。

中国有句古话说："九层之台，起于垒土，千里之堤，毁于蚁穴。"有的时候，事情虽小，但杀伤力却很强，小则破坏人的好心情，大则可以让人前功尽弃，甚至送命。历史上有多少大风大浪都过来了，却在阴沟里翻船的例子啊？今天不也正在上演一幕幕这样的悲剧吗？

在科罗拉州长山的山坡上，躺着一棵大树的残躯。居当地人讲，它曾有400多年的历史。在它漫长的生命历程中，曾被闪电击中过14次，它都挺过来了，但在最后，它却在一小队甲虫的攻击下永远倒下了。那些甲虫从根部向里咬，一开始树还没有感觉，但却渐渐伤了元气。最后，这样一棵森林中的巨人,岁月不曾使它枯萎,闪电不曾将它击倒,狂风暴雨也没能把它摧毁,却栽倒在小小的甲虫手里。

生活中有多少这样的例子,能勇敢地面对生活中的艰难险阻,却被小事搞得灰头土脸,垂头丧气。家务事虽小,再大的清官却也断不清。其实并非清官无能,这正是他们的高明之处。亲人之间,为一点点小事而反目成仇,实在是不应该。

别为小事抓狂,对待一些委屈和难堪的遭遇,应在内心转变成另一种心情,以健康积极的态度去化解这一切。如果能从中得着更大的益处,不也是另一种收获吗?这不是比到处记恨别人,处处结下冤家强吗?有一则小故事说,有一个人经过一棵椰子树,一只猴子从上面丢了一个椰子下来,打中他的头,这人摸了摸肿起来的头,然后把椰子捡起来,喝了椰子汁,吃了果肉,最后还用外壳做了个碗。

我们之所以对小事缺乏足够的承受能力,说明我们没有把精力放在更为重要的事情上。当我们集中精力追求自己的梦想时,生活中的烦恼便会大大减少,便不会再为小事抓狂,因为我们在自己梦想的追求中得到了自我价值的实现,就不在乎身边这些丁点的麻烦事了。

9. 让加班充满乐趣

你有过加班的经历吗？答案一定是肯定的。对于上班族来说，加班其实是件很平常的事。既然工作越来越忙，既然加班不可避免，那么为什么不让自己的加班变得快乐些、再快乐些呢？

其实，加班也有许多讲究。如果是因为自己没有完成上班时间该做的工作，在本该做事的时间里看报上网聊天；如果只是为了表现你有多敬业多积极，而一下班却又埋头苦干装样子给老板和同事看，那样的加班纯属活该，一点儿也不值得同情。若是工作量实在太重，工作时间内根本没法完成，以至于要牺牲休息时间，那是工作安排上有问题。偶尔一两次还可以，要是加班成了家常便饭，那任何人都不能接受，身体肯定吃不消。如果不幸碰到这种"周扒皮"式的老板，你应该毫不犹豫地炒他的"鱿鱼"。

鲁迅先生说过"悲剧是将人生有价值的东西毁灭给人看"，套用他的话，"加班是将人生有计划的安排打乱给你看"。没有人喜欢加班，除非他有工作狂倾向。加班不但让自己更加疲惫，而且影响了自己的生活计划。可能你下班以后已经约好了和朋友一起去吃饭，或者一起去买东西，也可能下班以后你要去听讲座或去上培训班，这一切都因为可恶的加班而泡了汤。但是人在屋檐下怎敢不低头，尤其是当加班在公司大范围地被普及和认可，你就不得不接受这个现实，既然无法逃避，不如调整自己，学会在加班的夹缝里寻找快乐，试着慢慢适应，让自己快乐地加班。

加班的时候，既然身不由己，身受其累，何必再自己折磨自己，带着满腹牢骚去工作呢？既然加班已成定局，与其带着怒气去工作，不如想开些，想着法子让自己心里快乐些。

如果你这样想：加班说明我有社会价值，说明我在单位的重要性，加班能让我学到更多的东西。再说，加班不但有补贴可以拿，还能名正言顺地解决掉晚饭的问题，而且能省下家里的冷气费、电话费、上网费以及其他若干费用。或许你会突然感到其实加班也不一定全是坏事。

加班的时候，你不妨制造点情调，想着法子哄自己开心。如果条件允许，你可以一边工作，一边打开电脑音箱，让悠扬的音乐随风飘荡，让动听的音乐陪伴你度过加班时光。

加班的时候，一般领导要求相对较松，这时你也可以边和同事聊天，边进行手头的工作，如果同事中有你心仪已久的"美眉"，你岂不是正好可以借这个机会和她套套近乎，拉近你们之间的关系？再加上回家晚了，你可以名正言顺、自告奋勇地送她回家，说不定会事半功倍，成就你们的一番姻缘。

没有人喜欢加班，除非另有图谋，但既然已成定局，不如把心放开，不能让加班搞坏了自己一天的好心情，不妨试着让自己加班也快乐。

人生有七苦，
我们不必再强加烦恼的包袱

Part 3
世界如此残酷，
幸好我们还有爱

【7步教你积累爱的正能量】

1. 善待他人就是善待自己

有一天笔者出门办事，在一个路口碰上了堵车，耽误了半天才过去。其实当时车并不算多，只因为那儿的红绿灯坏了，人们便互不相让，争着往前开，结果许多车横在路中间，弄得谁都过不去。当时如果大家都能相互让一下，可能早就都过去了，不至于堵半天。坐在车里看着人们一个个怒目相向，互不相让的样子，想到以前看到的这样一个故事。

有人曾和上帝谈论天堂与地狱的问题。上帝对这个人说："来吧，我让你看看什么是地狱。"他们走进一个一群人围着一大锅肉汤的房间。每个人看来都营养不良、绝望又饥饿。每个人都拿着一只可以够到锅的汤匙，但汤匙的柄比他们的手臂长，没法把东西送进嘴里。他们看来非常悲苦。

"来吧！我再让你看看什么是天堂。"上帝说。他们进入另一个房间，它和第一个没什么不同：一锅汤、一群人、一样的长柄汤匙。但每个人都很快乐，吃得很愉快。因为他们互相用自己的汤匙舀肉去喂对方。

在地狱里的人们因为自私，不肯帮助别人，不肯为别人而牺牲自己的一丁点利益，结果却是害人不利己，自己却失去的更多。其实，帮助别人就是帮助自己，为别人而付出的同时，快乐和富裕便会进入你的心中；相反，如果困守在自设的真空中，不肯接受也不愿意付出，那很有可能使自己窒息，很有可能像地狱的人们一样，守着食物饿死。

有这样一个故事：

有一只蚂蚁正在外面闲逛,忽然一阵强风把它从地上卷了起来,吹到池塘里面去了,蚂蚁因为不会游泳,只能在水里奋力挣扎并大喊救命。

结果,一只鸽子正好经过池塘,听到有喊声:"救命啊!救命啊!"

鸽子停下来找,听声音从哪里来的。在水池中挣扎的蚂蚁看见了鸽子,便拼命喊道:"我在池塘里,快救命啊!"

鸽子看到池塘中快被淹死的蚂蚁,赶忙叼了一片树叶丢到了池塘中。

快被淹死的蚂蚁使尽全身力气,好不容易才爬上了树叶,然后随着树叶慢慢地漂到池塘边,这才算是捡回一条命。蚂蚁心存感激地对鸽子说道:"谢谢你救了我,我一定不会忘记你!"

过了很久,一天蚂蚁正在外面寻找食物,突然看见森林里一个猎人正在用枪瞄准树上的一只小鸽子。它仔细一看,正是曾经救过自己的那一只。

正在树上休息的鸽子此时并没有觉察到猎人要拿枪打它,正在唧唧喳喳地叫。

蚂蚁不顾一切,快速爬到猎人脚下,狠狠地咬了一口,猎人疼得大叫,手中正在瞄准鸽子的枪掉在了地上,这一下惊动了鸽子,它吓得立即飞走了。

这虽然是一个童话,但道理却值得深思。不管何时,不管何地,只要你肯付出,就能得到回报。只有在别人需要帮助的时候能不假思索地伸出援助之手,才能在你陷入危机时得到别人的帮助。

2. 爱让人生升华

支持每个人活下去的理由并不是因为他会独立思考，而是因为每个人心中都有爱的存在。世人或许认为自己是在为自己每日的工作活着，事实上大家是为了爱而活着的。假如人的心中没有爱，也就没有一个婴儿能够长大，人类也就无法继续延续下去了。

每个人都因爱而活着。而自己对自己的狭隘的爱是心灵"死"的开始；对神与人类的爱却是心灵"生"的开始。

美国有一位社会学教授，带着他的学生到一个黑人贫民窟进行调查研究，其中一个研究主题，就是对该区200名黑人小孩的前途进行预测。

学生们都以十分认真的态度来研究这个主题，经过不断地调查和精密统计之后，报告终于完成了。但是，结果很让人沮丧，因为200名孩子几乎没有例外，一致被认定为"一无是处"和"无所作为"。

过了40年后，当年提出这个研究的教授早已去世了，他的学生从档案里发现了当年的研究报告，在好奇心驱使下，他来到当年的调查地点，比较调查结果是否跟事实吻合。但是，他很惊讶地发现，当年接受调查的200名孩子中，除了20名已经离开这里，不知去向之外，其余180名孩子大都有相当的成就，他们之中不乏银行家、商人、律师和优秀的运动选手，而对于目前所拥有的一切，那些已经长大的孩子们都说，他们最感谢当地的一位小学老师。

调查者找到了这位小学老师，并且询问她是用什么方法，让这些孩

世界如此残酷，
幸好我们还有爱

子都能获得成就。这位已经上了年纪的老师只是微微一笑，温柔地说："因为我爱这些孩子。"

因为心中有爱，所以这个老师才能将任何人都不抱有希望的孩子，教导成对社会有贡献的人。

托尔斯泰曾说："只爱我们所喜欢的人，这种爱不能算是真正的爱。真正的爱是对存在别人心中也存在于我们自己心中的那同一个神的爱。由于这种爱，我们不但能爱自己的家庭，爱那些也爱我们的可亲的人，同时也能爱那些曾经做过错事的人。当我们如此去爱的时候，会比只爱自己同时也爱我们的人得到更大的喜悦。"

生活中，我们每个人都应该用关爱的原则建立一个完善的心理预警机制，在这种机制下，每个人都在制造平等并享受平等，用真诚换取真诚，用笑容换取笑容。言行一旦有越轨的倾向，自律的警钟便会长鸣，提醒我们回归正常的线路。爱己者才能爱人，在关爱自己中学会善待生命，善待他人。

也许是举手之劳，它却能使得受助者度过人生低谷，重拾生活的信心；一个轻蔑的眼神，却会造成一种伤害或心理负担。送人玫瑰，手有余香。每一个人都应该在内心的最高层次上树立一种平等观，一种关爱观，一种真诚观。

我们的心灵是一个待开发的处女地，我们要用爱的哲学开发她，用仁者爱人的理念灌溉她，用友好互助的春风吹拂她，直到人性的花朵处处开遍。关爱的方式无穷无尽——病榻前的几句问候，邂逅时的一个招呼，就餐时的一个邀请，冒犯时的一句真心致歉，冲突时的一个主动谦让，忧愁时的安慰，挫折时的鼓励。只要我们愿意，就可以把关爱的行为体现在每一个细节上。

3. 爱心具有强大的力量

爱心具有强大的力量，因为这是一切成功的最大秘密。要让爱成为最强大的武器，没有人能抵挡它的威力。

这是发生在美国的一个真实故事：

一个风雨交加的夜晚，一对老夫妇走进一间旅馆的大厅，想要住宿一晚。值夜班的服务生说："十分抱歉，今天的房间已经被早上来开会的团体住满了。若在平常，我会送两位到别的旅馆，可是我无法想象你们要再一次置身于风雨中，你们何不待在我的房间呢？它虽然不是豪华的套房，但还是挺干净的，因为我必须值班，我可以在办公室休息。"

老夫妇大方地接受了年轻人的诚恳的建议，并对给他造成的不便致歉。隔天雨过天晴，老先生结账时，柜台里仍是昨晚的这位服务生。这位服务生依然亲切地表示："昨天您住的房间并不是旅店的客房，所以我们不会收您的钱，希望您与夫人昨晚睡得安稳！"

老先生点头称赞："你是每个旅馆老板都梦寐以求的员工，或许改天我可以帮你盖栋旅馆。"

几年后，就在大家都不记得这回事的时候，这名服务生突然收到一封寄自纽约的挂号信。信里描述了那个风雨交加的夜晚发生的事情，并邀请他去纽约游玩。信中还附上了一份邀请函和去纽约的来回机票。

在抵达纽约曼哈顿后，服务生见到了这位当年的旅客。老先生指着街口的一栋华丽的新大楼说："这是我为你盖的旅馆，希望你来为我经

世界如此残酷，
幸好我们还有爱

营，可以吗?"这位服务生惊奇莫名，说话变得结结巴巴："你是不是有什么条件？你为什么选我呢？你到底是谁？""我叫威廉·阿斯特，我没有任何条件，我说过，你正是我梦寐以求的员工。"

这家旅馆就是后来全球著名的希尔顿饭店，1931年启用，是纽约极致尊荣的地位象征，也是各国高层政要造访纽约下榻的首选。

当时接下这份工作的服务生就是乔治·波特——奠定希尔顿饭店世纪地位的人。

是什么样的原因让这位服务生改变了他的命运？毋庸置疑，他遇到了"贵人"，可是如果当天晚上是另一位服务生当班，会有一样的结果吗？正是他奉献了自己的爱心，才使自己的命运得到改变。虽然这是带有机遇性的偶然事件，但是却包含了必然性的因素。

二战中盟军统帅艾森豪威尔将军，有一天，乘车回总部参加紧急军事会议。天气异常寒冷，空中飘舞着鹅毛大雪，地上的积雪也被碾成了冰，行走起来十分困难。汽车小心翼翼地在冰上行驶着。忽然，他看到一对法国老夫妇在路边，佝偻着身子，看样子冻得十分厉害。他赶紧命令身边的翻译官上前去询问有什么可以帮助的。坐在车上的参谋急坏了，赶紧阻止说："我们的会议马上就要开始了，把他们交给当地警方处理吧？"艾森豪威尔听了，丝毫没有犹豫，他坚定地说："不行。我命令你立刻下车处理这件事。要等当地警方来帮助他们，很可能他们就已经冻死了！"没办法，参谋和翻译官只好下车去问个究竟。原来，这对老夫妇正准备去巴黎投奔自己的儿子，但因为车子抛锚，前不着村，后不着店，不知如何是好。于是，艾森豪威尔立即把这对老夫妇请上车，特地绕道去了趟巴黎。送完这对老夫妇之后，才风驰电掣般地赶去参加紧急军事会议。

尽管艾森豪威尔根本没有行善图报的动机，然而，他的善心义举却得到了意想不到的巨大回报。原来，那天几个德国纳粹狙击兵虎视眈眈地埋伏在艾森豪威尔必须经过的那条路上，如果不是因善行而改变了行车路线，他恐怕就很难躲过这场劫难。如果艾森豪威尔因遭伏击而身亡，那么整个二战的欧洲战史就很可能会因此而改写！

没有爱心的人不会有太大的成就。不愿奉献的人，不能忍让的人，对人冷淡的人，缺乏爱心的人，就不太可能得到别人的支持；失去别人的支持，离失败就不会太远。有多大的爱心，就会有多大的成绩。

4. 爱是主动付出

爱不是凭空产生的一种感情,它是人在付出之后自然而然结出的果实,付出得越多,爱也就越深。

当你为爱情付出很多时,即使你想不爱你的恋人,也是欲罢不能。爱是覆水难收,是可以连生命一起泼出去的。

当我们为朋友和同事付出很多时,我们会发现我们像两棵树,枝丫向彼此越长越近,直到交缠到一起,那种付出是可以相互感染的,最后变成一种互动,一种能量的转换和共性。

当我们为专业和工作付出很多时,我们没法不爱它,爱它,就会为它付出得更多,在这种美好的循环中,使我们不断提高、进步,生活也变得充实。所以,一个吝啬于付出的人,一定也不懂什么是真正的爱。

一个诗人和女友出去散步,看见道边坐着一个乞讨的老妇人,好让人可怜。女友于是便想给她点钱,诗人对女友说:"应该给她的心灵送点东西,而不是一丁半点的施舍。"女友感到不解。

第二天,诗人出去散步时,手上拿了一朵玫瑰花。当他走到老妇人面前时,弯下身子,双手把花送给了老妇人。老妇人站了起来,伸出双手,握住诗人的手,激动得半天说不出话来。接下来的几天,诗人和女友出去散步时,便没再看见老妇人。后来老妇人终于又回来了,她和以前一样坐在那里乞讨。

诗人和女友又来到了她面前,她拿出了一个精心制作的小礼物送给了他们。

女友道:"她前几天为什么没来啊?"诗人语重心长地答道:"她要给爱回报。"

诗人送给老妇人的哪里是玫瑰花啊,分明是一颗炽热的爱心,正是这颗爱心,让老妇人感到了人间的温暖,因为诗人的爱而让她感到生命更加充实。于是她也精心制作了一个礼物,把爱回报给了诗人。

爱,不是被爱也不是等待,爱是先把自己交出去,然后才能得到的花朵。

1.爱需要表达

我们与恋人相处,以期得到心与心的碰撞,情与情的交融,思想与思想的沟通,我们心中有爱,我们正在经历或将要经历爱情,我们为爱情激动,我们为爱情燃烧,我们因爱情而烦恼,无疑我们的爱需要说出来。

在爱情里,一句简简单单的"我爱你",抵得上一千句甜言蜜语。开不了口,就写出来、画出来,最重要的是要让对方知道。同时还需要信物传情,爱的表达不仅仅是语言表白,还有行动。我们不仅要学会表达爱,还应善于发现和体会别人不同方式的爱的表达。

2.爱要适度

母爱是最无私的,但是如果对孩子太娇宠或者太严格,可能会使母亲自身变成孩子成长的模具,使他们的性格过于柔弱或者过于执拗,这对他们未来的社会生存和生活都是很不利的。

女人对丈夫的爱也是同样的,如果放得太开,会把男人惯坏;如果抓得太紧,则会使男人太累。鸽子天天放出去,天天飞回来,鸟儿被关在笼子里一旦放出去就永远不会再回来。爱就应当让爱与爱之间保持一定的尺度,爱是黑夜的星辰,我们的生命因它而灿烂、恒久。

3.爱需要走出沉重

所有的爱也许都有沉重的一而,为了爱必须走出爱的沉重,为了爱,还需要割爱,不然,爱就会成为一种包袱,会影响到我们理想的追求和事业的前行。

4.爱是生命的见证

只有爱才是生命的见证,只有爱的语言才是生命里最美好的证言。爱过,这便是生命的全部意义,也正因为爱过,才会赢得爱,以自己的爱心点燃他人的爱心,生命才有意义。

爱是一种承担。温暖的、善良的承担。它那般抽象,又如此具体,它不能被独立,被脱离——爱某一个人,其实也就是爱每一个人。

5. 给予爱，获得幸福回报

一味地贪图获取，只能满足自己的私欲。如果大度一点，乐于奉献自己的生命，除了赢得人们的尊重外，还会获得幸福的回报。

有个人在沙漠中迷失了方向，饥渴难忍的他，仍然拖着沉重的脚步，一步一步地向前走。走了很久，终于找到了一间废弃的房屋。这间屋很久无人住，风吹日晒，摇摇欲坠。

在屋前，他发现了一个吸水井和一个水壶，水壶壶口被木塞塞住，壶下有一个纸条，上面写着："你要先把这壶水灌到吸水器中，然后才能打水，但是，在你走之前一定要把水壶装满。"

这个人小心翼翼地打开水壶塞，里面果然有一壶水，然而他却面临着艰难的抉择，是该按纸条上所说的去做，还是把这壶水喝下去，保住自己的生命。

突然，一种奇妙的感觉给了他力量，他下决心照纸条上的话做，果然吸水井中涌出了泉水，他痛痛快快喝了个够！

休息一会儿，他把水壶装满水，塞上壶塞，在纸条上加了几句话："请相信我，纸条上的话是真的，当你只有把生命置之度外，才能尝到甘美的泉水。"

爱是无价的，它不需要回报，然而付出爱的人总能得到回报。爱是可以传递的，每一个人都献出自己的爱，不断地传递下去，世界将变得无限美好和温馨。

世界如此残酷，
幸好我们还有爱

古罗马的大斗兽场几乎尽人皆知,那里面已经发生过千百次人兽相搏,人们早就没有兴趣想象了。至于那里出现过的一次奇迹,也许有的人还不曾听闻。

　　那次,在斗兽场上,人们把饿了好几天的狮子放了出来。当时,缩在墙角的囚徒罗支·莱斯颤抖着拎起长矛,默默地祈祷。他想自己快要完蛋了,但愿狮子能给自己留下一条全尸。

　　饿极了的狮子一眼就瞅到墙角的人,它仰天长啸一声之后,便迫不及待地猛扑上去。罗支莱斯眼睛一闭,把长矛向前一刺,狮子却灵巧地避开了。就在这千钧一发之际,那只狮子突然停止了进攻,并且围着罗支·莱斯打起了转转。然后它又忽然停了下去,缓缓地在罗支·莱斯身边卧了下来,温顺地舔着他的手和脚。

　　全场顿时鸦雀无声,不一会儿猛地爆发出热烈的欢呼声。罗马皇帝也大为惊讶,破例把罗支·莱斯叫上看台来询问缘由。

　　原来在3年以前,罗支·莱斯在路边发现了一只受了重伤的狮子,他小心翼翼地给狮子包扎了伤口并照料它直到伤口愈合,才送它回到森林。今天他在斗兽场里遇见的正是这只狮子!

　　听完了罗支·莱斯的讲述,罗马皇帝也大为感动,立即赦免了罗支·莱斯。

6. 撒播爱，结出希望之果

真正了解别人的痛苦，尽心为别人做好事的人，会得到别人的爱，也会感到人生的意义。找到了生命的意义，每个人都能做些了不起的事。

有个叫乔治的17岁少年投海自杀，被警察救起。他是个美国黑人与日本人的混血儿，愤世嫉俗。一位老太太到警察局要求和青年见面。警察同意她和青年谈谈。

"孩子，"乔治扭过头去，像块石头，全然不理，老太太用安详而柔和的语调说下去："孩子，你可知道，你生来是要为这个世界做些除了你以外没人能办到的事吗？"

她反复说了好几遍，少年突然回过头来，说道："你说的是像我这样一个黑人？连父母都没有的孩子？"老太太不慌不忙地回答："对！正因为你肤色是黑的，正因为你没有父母，所以，你能做些了不起的事情。"少年冷笑道："哼，当然啦！你想我会相信这一套？"

"跟我来，我让你自己瞧。"她说。老太太把他带回小茶室，叫他在茶园里打杂。虽然生活很清苦，她对少年却关护备至。

生活在小茶室中，乔治慢慢地也心平气和了。老太太给了他一些生长迅速的萝卜种，10天后萝卜发芽生叶，乔治得意地吹着口哨。他又用竹子自制了一支横笛，吹奏自娱，老太太听了称赞道："除了你，没有人为我吹过笛子，乔治，真好听！"

少年似乎渐渐有了生气，老太太便把他送到高中念书。在求学那4

年，他继续在茶室园内种菜，也帮老太太做点零活。高中毕业，乔治白天在地下铁道工地做工，晚上在大学夜间部深造。毕业后，他在盲人学校任教，对那些失明的学生关怀备至。

"现在，我已相信，真有别人不能做而只有我才能做的事情了。"乔治对老太太说。

"你瞧，对吧？"老太太说，"你如果不是黑皮肤，如果不是孤儿，也许就不能领悟盲童的苦处。只有真正了解别人痛苦的人，才能尽心为别人做美好的事。你17岁时，最需要的就是有人爱惜你，没有人爱惜，所以那时想死，是吧？你大声呐喊，说你要的根本不可能得到，根本就不存在——可是后来，你自己却有了爱心。"

乔治心悦诚服地点点头。老太太意犹未尽，继续侃侃而言："尽量爱护自己的快乐。等到你从他们脸上看到感激的光辉，那时候，甚至像我们这样行将就木的人，也会感到活下去的意义。"

爱会改变一切。爱把温暖和幸福带给亲人、朋友、家庭、社会、人类。爱是永恒的主题，持久的构思，多彩的内容。我们不能看到罪恶就否定这个世界没有爱，就像不能看到礁石就厌恶海洋，看到死亡就否定生命一样。富有爱心的人，不但自己的生活充实快乐，而且能感染别人。

7. 敞开心扉,让爱常驻

在当今社会里,人们每天的大部分时间都在钢筋混凝土筑成的独立空间中,偶尔与外界的沟通也是通过电话、电子邮件来完成。虽然身处闹市,人们的心却由一道无形的心墙尘封起来,因为缺少爱的滋润,心变得越来越冷漠、孤独,以致扭曲变形。

一位建筑大师阅历丰富,一生杰作无数,但他自感最大的遗憾就是把城市空间分割得支离破碎,楼房之间的绝对独立则加速了都市人情感的冷漠。大师准备过完65岁寿辰就封笔,而在封笔之作中,他想打破传统的设计理念,设计一条让住户交流和交往的通道,使人们之间不再隔离而充满大家庭般的欢乐与温馨。

一位颇具胆识和超前意识的房地产商很赞同他的观点,出巨资请他设计。图纸出来后,果然受到业界、媒体和学术界的一致好评。

然而,等大师的杰作变为现实后,市场反应却非常冷漠,乃至创出了楼市新低。

房地产商急了,急忙进行市场调研。调研结果出来后,让人大跌眼镜:人们不肯掏钱买这种房的原因竟然是嫌这样的设计使邻里之间交往多了,不利于处理相互间的关系;在这样的环境里活动空间大,孩子们不好看管;还有,空间一大,人员复杂,对防盗之类人人担心的事十分不利……

大师没想到自己的封笔之作会落得如此下场,心中哀痛万分。他决

世界如此残酷,
幸好我们还有爱

定从此隐居乡下，再不出山。临行前，他感慨地说："我只认识图纸不认识人，是我一生最大的败笔。"

其实这怎么能怪大师呢，我们可以拆除隔断空间的砖墙，谁又能拆除人与人之间厚厚的心墙呢？

心墙不除，人心会因为缺少氧气而枯萎，人会变得忧郁、孤寂。爱是医治心灵创伤的良药，爱是心灵得以健康生长的沃土。爱，以和谐为轴心，照射出温馨、甜美和幸福。爱把宽容、温暖和幸福带给了亲人、朋友、家庭、社会和人类。

无爱的社会太冰冷，无爱的荒原太寂寞。爱能打破冷漠，让尘封已久的心重新温暖起来。

在与人交往时，将你的心窗打开，不要吝啬心中的爱，因为只有爱人者才会被爱。你会获得许多关于爱的美丽传说；当你陷入困境时，你会得到许多充满爱心的关怀和帮助。

人活在世界上，最重要的不是被爱，而是要有爱人的能力。如果不懂得爱人，又如何能被人所爱呢？

朋友，丢掉你的冷漠，打开你尘封的心，释放心中的爱吧，你的生命会因爱而更精彩。

Part 4

就算世界狠狠待你，
你也要温柔待自己

【6 步提高你的自我价值】

1. 别用高标准来为难自己

在生活中,常常听到有人抱怨活得太辛苦,压力太大,其实,这往往是因为我们还没有衡量清楚自己的能力、兴趣、经验之前,便给自己在人生各个路段设下了过高的目标。这个目标不是根据个人实际情况制定的,而是和他人比较以后制定的,所以每天为了完成目标,人们不得不背着责任的包袱去生活,不得不忍受辛苦和疲惫的折磨。

人首先要为自己负责任。有的人不看实际情况,要求自己必须考上名牌大学,必须学热门专业,认为这是自己的责任,只有这样才算完美人生。许多大学毕业生不愿去基层,不愿去艰苦地区,就是因为他们人生的背篓中背负有太多的责任。这种以私利为出发点的个人抱负,已褪变为一个包袱压在身上,让人喘不过气来。可有人却乐此不疲。

人们常说:"什么事都归咎于他人是不好的行为。"但真的是这样的吗?许多人动不动就把错误归咎于自己,其实这也是不正确的观念。比如,有的人因孩子学习不好而整天苦恼,因孩子没考上大学而内疚。

其实,只要自己尽力去为孩子做该做的一切了,因为其他原因而落榜,怎么能把责任归到自己身上呢?再者说,塞翁失马焉知非福,指不定孩子能在其他方面有着非凡成就。

了解自己,做你自己,就不必勉强自己,不必掩饰自己,也不会因背负太重的责任包袱而扭曲自己。

如此,就能少一些精神束缚,多几分心灵的舒展,就能少一点自责,

多几分人生的快乐。

有的人对自己和社会格格不入的个性感到相当烦恼，可是后来把它想成：这种个性是与生俱来的，是上天所赐予的，并非自己努力不够。这样一想，也就不再责备自己，不再烦恼了。

生活中有许多不快乐与抱怨生活烦闷，感到人生不顺的时候，应该让自己明智一点，不要用"高标准"去为难自己，卸掉自己背负的沉重包袱，不再折磨自己的内心。

2. 给自己一个目标

人的一生，要想走向成功，必须有自己的目标，如果没有目标，便犹如大海上没有舵的帆船或看不到灯塔的航船，就会在暴风雨里茫然不知所措，以致迷失方向，无论怎样奋力航行，终究无法到达彼岸，甚至船破舟沉。现在有的人一生忙碌，但一事无成，便是因为没有目标，导致人生的航船迷失了方向。

塞涅卡有句名言说："如果一个人活着不知道他要驶向哪个码头，那么任何风都不会是顺风。有人活着没有任何目标，他们在世间行走，就像河中的一棵小草，他们不是行走，而是随波逐流。"

在生活的海洋中，要想做一个成功的舵手，首先必须确立明确的人生目标。人生没有明确的目标，生活就会盲目漂移，做事就没有方向感，从而敷衍了事，临时凑合，也就失去责任感。没有目标，英雄便无用武之地。

爱迪生一生有很多的发明，对人类做出了杰出贡献。爱迪生的老师曾断言，他只是一个会做白日梦的少年，一生绝不会有什么成就。然而，是什么使爱迪生登上世界最伟大发明家的顶峰的呢？那就是明确的目标，为目标而勇敢奋斗的习惯。

列宁说："人需要理想，但是需要符合自然的理想，而不是超自然的理想。"同样，人生要制定正确的目标，要符合个人实际，不能脱离实际，否则将会陷入理想破灭后的惆怅与悲凉之中。比如一个天生五音不

全的人，连五线谱都不曾见得，却想成为歌唱家，那他的目标恐怕难以实现。正确的目标是人生追求的基础，离开正确人生目标的追求只能是无目的的盲动，即使偶有所得也不会长久，也很难有大的发展，在更多时候只能是品尝失败的痛苦。

另外，人生的目标也要根据自身当时的情况适时加以调整，不能一条路走到黑，不到南墙不回头。正像鲁迅、郭末若弃医从文一样。

"现实是此岸，理想是彼岸，中间隔着湍急的河流，行动则是架在川上的桥梁。"人难的不是确定目标，而是马不停蹄地去为实现既定目标而奋斗。只有不断地激励自己，从伟大的实践中吸取力量，从竞争中获得压力，这样才能少惰性而多韧性。李大钊说："青年啊！你们临开始活动之前，应该确定方向。譬如航海远行的人，必先定个目的地。中途的指针，总是指着这个方向走，才能有到达目的地的一天。若是方向不定，随风飘转，恐怕永无达到的日子。"

恰当的、积极进取的生活目标，能使每个人充满快乐。无所事事、自暴自弃地让时光白白消逝，是人生最可悲的事。有了正确的人生目标，并为之奋斗，日子过得才充实，趣味盎然，才能体会到原汁原味的生活的甜美。

3. 不必勉强自己

这里有一个与唐僧取经有关的寓言故事。

唐僧前往西天取经时所骑的白马本是长安城中一家磨坊里的一匹普通白马。此马本无什么出众之处，只不过一生下来就在磨坊里干活，身强体健、耐苦耐劳，且老老实实、从不捣乱。玄奘大师想：西天路途遥远，去时要当坐骑，回来时要负重驮经书，况且自己的骑术又不是很好，还是挑选一匹老老实实的马吧。选来选去，就选上了这匹磨坊里的普通白马。

这一去就是17年。待唐僧返回东土大唐时，已是名满天下的传奇英雄。这匹白马也成了取经的功臣，被誉为"大唐第一名马"。

白马衣锦还乡，来到昔日的磨坊看望老朋友。一大群驴子和马围着白马，听白马讲取经途中的见闻以及今日的荣耀，大家羡慕不已。

白马很平静地说："各位，我也没什么了不起，只不过有幸被玄奘大师选中，一步一步西去东回而已。这17年间，大家也没闲着，只不过你们是在家门口来回打转。其实，我走一步，你也在走一步，咱们走过的路还是一般长，也一样的辛苦。"

众驴子和马都不言语了。是啊，自己也没闲着啊，怎么人家就成了"成功之士"，有荣誉有地位，自己还是老样子呢？

我们不妨从其他角度来看这个故事。

作为白马，它并没有因为跟随玄奘大师功成而返而表现出洋洋自得、

就算世界狠狠待你，
你也要温柔待自己

高人一等，相反，它觉得自己只不过是和其他的马一样在奔走，并且走的路程一样长。这样的胸怀当然值得我们去学习。

但是，其他的驴子和马的心态就没有可取之处了。每一个生灵的存在一定有他的价值，玄奘大师取经只能带去一匹马，如果它们因为自己不能成为幸运儿而自怨自艾，反倒连自己的本职工作也会受到影响。不妨像白马一样，只要在自己的位置上能够发挥最大的价值就可以了。

盲目的忙碌，最后收获的是茫然。如果我们不能实现太高的生活目标，那我们就应该量体裁衣，制订最适合自己的目标，然后实现自身的价值。

有的人从头至尾都有一个明确的目标，为成就一番事业而奋斗，而有的人身不由己，随波逐流，每日所忙都只是为了伙食标准提高一些而已。大家一样的辛苦忙碌，谁也没闲着，甚至我们比他还忙还累，可收获却大不相同。

有句成语叫做"碌碌无为"，碌碌，忙得不可开交，但却是"无为"，太可怕了。很多时候我们恐怕都没有把"忙"真正地定义清楚。

忙是什么呢？忙应该是在特定的时间段中朝着特定的目标进行连续不断的努力的生存状态。忙碌可以使我们的生活充实，让我们将来回忆时觉得自己对得起时间、对得起自己。但是如果我们只是为了不闲着而去忙，只是为了向人表明自己"重要"而去忙，那么无非是自己欺骗自己罢了。

要知道，一个人的能力是有限的，如果你想得到超过能力之外的，那简直就是折磨自己，跟自己较劲、过不去。

其实，我们做人不必勉强自己。静下心来仔细想想，生活中的许多事情，并不是你的能力不强，恰恰是因为你的愿望不切实际。人的一生中，期望与现实常常会发生冲突。我们期望的，未必能够获得，我们能获得的，却未必是所期望的。虽然很残酷，然而这就是真实的生活。

我们要相信自己具有做种种事情的才能，当然相信自己的能力并不是强求自己去做一些能力做不到的事情。事实上，世间任何事情都有一个限度，超过了这个限度，好多事情都可能是极其荒谬的。

我们应时常肯定自己，尽力发展我们能够发展的东西，剩下的，就安心交给老天。只要尽心尽力，只要积极地朝着更高的目标迈进，我们的心中就会保存一份悠然自得。从而，也不会再跟自己过不去，责备、怨恨自己了，因为，我们尽力了。即便在生命结束的时候，我们也能问心无愧地说："我已经尽了最大的努力。"那么，你真正的此生无憾了！

所以，凡事别跟自己过不去，要知道，每个人都有或这或那的缺陷，世界没有完美的人。这样想来，不是为自己开脱，而是使心灵不会被挤压得支离破碎，永远保持对生活的美好认识和执著追求。

4. 忙碌中的释放

现代人忙碌，满世界就听到一个忙字。大人们忙赚钱，小孩儿也同样身不得闲，就连离退休的爷爷奶奶辈也忙于发挥余热，或养身保健或吟诗作画。总之是全国上下一片忙。

"革命尚未成功，同志仍需努力"，社会要发展，人类要进步，忙是自然要忙的。然而这绝不是人生的全部。人生不仅需要工作，也需要休息，不仅需要忙碌，也需要休闲。我们不能无休止地忙，人生如果没有休闲，就像一幅国画挤满了山水而不留一点空隙，缺乏美感。人生没有悠闲，就不能领悟、体味、享受人生。所以忙碌中要学会偷闲。

泰戈尔在《飞鸟集》中写道："休息之隶属于工作，正如眼睑之隶属于眼睛。"不会休息的人就不会工作，只有休息好了，才能更好地工作，才会有更好的生活。如果一味地、盲目地去忙，连革命的本钱都搞垮了，那人生也就没有忙的意义了。我们崇拜陈景润，但我们不赞成他那种不顾一切，废寝忘食，以致英年早逝的生存哲学。

人生就像登山，不是为了登山而登山，而应着重于攀登中的观赏、感受与互动，如果忽略了沿途风光，也就体会不到其中的乐趣。人们最美的理想、最大的希望便是过上幸福生活，而幸福生活是一个过程，不是忙碌一生后才能到达的一个顶点。

古人云："一张一弛，乃文武之道。"人生也应该有张有弛，也应该忙中有闲。人生就像条弦，太松了，弹不出优美的乐曲；太紧了，容易断，只有松紧合适，才能奏出舒缓优雅的乐章。

俗话说："磨刀不误砍柴工。"悠闲与工作并不矛盾。处理好两者的关系，最重要的是能拿得起，放得下。工作时就全身心投入，高效运转。放松时就放松，把工作完全放在一边，不要总是牵肠挂肚。去钓鱼、去登山、去观海，想干啥就干啥。

此外，工作休闲应该搭配得当，不能忙时累个半死，闲时又闲得让人无聊的受不了。可以隔三差五地安排一个小节目，比如雨中散步、周末郊游、鸳鸯共浴等。适时地忙里偷闲，可以让人适时从烦躁、疲惫中及时摆脱，为了更好地工作而积蓄精力。

总之，为了更好地工作，为了美好的生活，我们一定要学会忙里偷闲，有时休息比工作更有效。

5. 放纵自己等于自杀

人生在世，苛求自己，往往活得太累，而放纵自己，容易误入歧途。随"心"所欲的结果，肯定是伤痕累累。为逞一时之快而以事后的痛苦为代价，实在是划不来。总之，任何事情都要讲究个度，要学会自制，千万别放纵自己。

生活中小事无度，则会伤身。比如适量饮酒，活血化淤，失度则伤肝；适时睡眠，除困解乏，过度则精神倦怠；言多必失，食多必胖。

人生如果放纵自己，没有自制力，则会伤"心"。业余搞点爱好，利于放松，可如果失度，则会玩物丧志；工作上相互竞争可以相互促进，失度则会相互攻击，变友为敌。

2000年，小布什击败戈尔成功当选为美国总统。但你可曾想到，就是这样堂堂的美国总统，年轻时候却是放荡不羁，缺乏自制力的"坏"青年。

学生时代的布什，学习成绩一般，但对于吃喝玩乐他却样样在行。平时他整天与"狐朋狗友"四处游荡，无所事事。他最大的喜好是开着自己那辆哈雷·戴维斯摩托车，带着时髦女孩，在大街上飙车。

除此之外，每天晚上，他总是泡在各色舞厅里，不到深夜不会回家，而且每次都是醉醺醺的。

老布什看儿子如此不济，多次谆谆教导，但是，小布什总把父亲的话当耳旁风，依然故我。

直到有一天,一个很特别的姑娘出现在他面前,她的美丽和纯洁一下打动了"花花公子"。在这位姑娘的影响之下,小布什警醒了,他慢慢克制住自己的放纵行为,奋发努力,投入政界。经过一番比拼,他终于成就了自己的辉煌,登上了总统的宝座。

自制是一种美德,节制是一种策略,恰到好处的自制,是身心健康的前提。民间有这样一个有关生活有度而能长寿的传说:

在泰山脚下有一块"三笑石"。传说从前有3位百岁老翁,经常在这块石头前锻炼身体,他们个个神采奕奕,精神矍铄。有人问他们长寿的秘诀。

甲说:"饭前一盅酒。"

乙说:"饭后百步走。"

丙说:"老婆长得丑。"

3人说完哈哈大笑,"三笑石"因此得名。

3位寿星的养生秘诀十分简单,却耐人寻味。饭前适量饮酒可以开胃,饭后适当运动有助消化,而老婆丑则可以节制欲望,也可能会像苏格拉底所说:"老婆丑,可能会成为一个哲学家。"

6. 学会赞美自己

渴望得到别人的赞美毕竟不如自己赞美自己来得容易。既然我们需要赞美，既然赞美可以让我们更上一层楼，催我们奋进，那就让我们学会赞美自己吧！

一个喜欢棒球的小男孩，生日时得到一副新的球棒。他激动万分地冲出屋子，大喊道："我是世界上最好的棒球手！"他把球高高地扔向天空，举棒击球，结果没中。他毫不犹豫地第二次拿起了球，挑战似的喊道："我是世界上最好的棒球手！"这次他打得更带劲，但又没击中，反而跌了一跤，擦破了皮。男孩第三次站了起来，再次击球，这一次准头更差，连球也丢了。他望了望球棒道："嘿，你知道吗，我是世界上最伟大的击球手！"

后来，这个男孩果然成了棒球史上罕见的神击手。

是自己的赞美给了他力量，是赞美成就了小男孩的梦想。也许有一天，我们能像小男孩一样登上成功的顶峰，那时再回首今天，我们会看见通往凯旋门的大道上，除了脚印、汗水、泪水外，还有一个个驿站，那便是自己的赞美。也许有一天你会赢来无数的鲜花和掌声，但你会发现，只有自己的赞美才是最美最真实的！

学会赞美自己，你的心境会豁然开朗，紧锁的眉头会慢慢舒展。赞美自己不需要理由。让我们每天都发自内心地、真诚地对自己说上一声："今天，我做得很好。"只要坚持下去，你会发现自己变得很自信。烦恼、痛苦、忧愁将很少发生在你的身上。

Part 5

愚人与世界死磕到底，智者懂得给世界让路

【7步改变你的思维方式】

1. 开阔视野，换个角度看问题

有个教徒在祈祷时，烟瘾来了，他问在场的神父，祈祷时可不可以抽烟，神父回答"不行"。另一个教徒也想抽烟。他问神父，在抽烟的时候可不可以祈祷。神父回答："当然可以。"

同样是抽烟加祈祷，要求祈祷时抽烟，那似乎意味着对耶稣的不尊重；而要求抽烟时祈祷，则可以表示在休闲时也想着神的恩典，神父当然没有反对的理由。

我们通常都会犯同一个错误——在同一面墙上撞来撞去，直到撞得头破血流。从相反的角度去观察我们所要解决的问题，我们也许会找到想要的答案。

两个儿子大了，富翁老了。这些日子富翁一直在苦苦思索，到底让哪个儿子继承遗产？富翁百思不得其解。想起自己白手起家的青年时代，他忽然灵机一动，找到了考验他们的好办法。

富翁锁上宅门，把两个儿子带到一百里外的一座城市里，然后给他们出个难题，谁答得好，就让谁继承遗产。他交给他们一人一串钥匙、一匹快马，看他们谁先回到家，并把宅门打开。

马跑得飞快，所以兄弟两个几乎是同时回到家的。但是面对紧锁的大门，两个人都犯愁了。

哥哥左试右试，苦于无法从那一大串钥匙中找到最合适的那把；弟弟呢，则苦于没有钥匙，因为他刚才光顾着赶路，钥匙不知什么时候掉

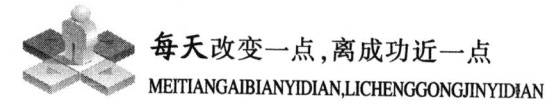

在了路上。

两个人急得满头大汗。突然,弟弟一拍脑门,有了办法,他找来一块石头,几下子就把锁砸了,他顺利地进去了。

自然,继承权落在了弟弟手里。

人生的大门往往是没有钥匙的,在命运的关键时刻,人最需要的不是墨守成规的钥匙,而是一块砸碎障碍的石头!

没有一成不变的事物,也没有放之四海而皆准的真理,必须变化地去看事物。抱着旧观念、旧框框去看待新情况,必然是行不通的。在取舍、肯否之间很容易形成"定而不移"之势。唯一可行的、解除定势的办法,就是极大地开阔我们的视野,改变我们既有的思维方式,时刻警惕陷入"经验"中去。

2. 跳出思维定势，打破惯性思维

一家公司招聘职员，有一道试题是这样的：一个狂风暴雨的晚上，你开车经过一个车站，发现有3个人正苦苦地等待公交车的到来：第一个是看上去是濒临死亡的老妇，第二个是曾经挽救过你生命的医生，第三个是你的梦中情人。你的汽车只能容得下一位乘客，你选择谁？

每个人的回答都有他的理由：选择老妇，是因为她很快就会死去，我们应该挽救她的生命；选择医生，是因为他曾经救过你的命，现在是你报答他的最好机会；选择梦中情人，是因为如果错过这个机会，也许就永远找不回她（他）了。

在200个候选人中，最后获聘的一位答案是什么呢？"我把车钥匙交给医生，让他赶紧把老妇送往医院；而我则留下来，陪着我心爱的人一起等候公交车的到来。"

我们常常会被"非此即彼"的思维模式所限，自己"从车上下来"，抛开思维的固有模式，我们可以获得更多。

法国著名女高音歌唱家玛·迪梅普莱有一个美丽的私人园林。每到周末，总会有人到她的园林摘花、采蘑菇，有的甚至搭起帐篷，在草地上野营野餐，弄得园林一片狼藉、肮脏不堪。

管家曾让人在园林四周围上篱笆，并竖起"私人园林禁止入内"的木牌，但均无济于事，园林依然不断遭践踏、破坏。于是，管家只得向主人请示。

愚人与世界死磕到底，
智者懂得给世界让路

迪梅普莱听了管家的汇报后,让管家做一些大牌子立在各个路口,上面醒目地写明:如果在林中被毒蛇咬伤,最近的医院距此15公里,驾车约半小时即可到达。从此,再也没有人闯入她的园林。

"私人园林禁止入内"和"如果在林中被毒蛇咬伤……"有什么不同?有时成败只在于一个观念的转变。

3. 思考角度主宰对事情的态度

在美国，一位叫塞尔玛的女士内心愁云密布，生活对于她已是一种煎熬。

为什么呢？因为她随丈夫从军。没想到部队驻扎在沙漠地带，住的是铁皮房，与周围的印第安人、墨西哥人语言不通；当地气温很高，在仙人掌的阴影下都高达华氏125度；更糟的是，后来她丈夫奉命远征，只留下她孤身一人。因此她整天愁眉不展，度日如年。我们能想象她内心的痛苦，就像我们自己也会经常碰到的那样。

怎么办呢？无奈中她只得写信给父母，希望回家。

久盼的回信终于到了，但拆开一看，使她大失所望。父母既没有安慰她几句，也没有说叫她赶快回去。那封信里只是一张薄薄的信纸，上面也只是短短的几行字。

这几行字写的是什么呢？

"两个人从监狱的铁窗往外看，一个看到的是地上的泥土，另一个却看到的是天上的星星。"

她开始非常失望，还有几分生气，怎么父母回的是这样的一封信？尽管如此，这几行字还是引起了她的兴趣，因为那毕竟是远在故乡的父母对女儿的一份关切。她反复看，反复琢磨，终于有一天，一道闪光从她的脑海里掠过。这闪光仿佛把眼前的黑暗完全照亮了，她惊喜异常，每天紧皱的眉头一下子舒展了开来。大家知道这是为什么吗？

愚人与世界死磕到底，
智者懂得给世界让路

原来这短短的几行字里,她终于发现了自己的问题所在:她过去习惯性地低头看,结果只看到了泥土。但自己为什么不抬头看?抬头看,就能看到天上的星星!而我们生活中一定不只是泥土,一定会有星星!自己为什么不抬头去寻找星星,去欣赏星星,去享受星光灿烂的美好世界呢?

她这么想,也开始这么做了。

她开始主动和印第安人、墨西哥人交朋友,结果使她十分惊喜,因为她发现他们都十分好客、热情,慢慢和他们都成了朋友,这些朋友们还送给她许多珍贵的陶器和纺织品作礼物;她研究沙漠的仙人掌,一边研究,一边做笔记,发现仙人掌是那么的千姿百态,那样的使人沉醉着迷;她欣赏沙漠的日落日出,她感受沙漠的海市蜃楼,她享受着新生活给她带来的一切。慢慢地她找到了星星,真的感受到星空的灿烂。

她发现生活一切都变了,变得使她每天都仿佛沐浴在春光之中,每天都仿佛置身于欢笑之间。

后来她回美国后,根据自己这一段真实的内心历程写了一本书,叫《快乐的城堡》,引起了极大的轰动。

对事物的看法,没有绝对的对错之分,但有积极与消极之分,而且每个人都必定要为自己的看法承担最后的结果。消极思维者,对事物永远都会找到消极的解释,并且总能为自己找到抱怨的借口,最终得到了消极的结果。接下来,消极的结果又会逆向强化他的消极情绪,从而又使他成为更加消极的思维者,形成恶性循环……

所有的这一切正如叔本华所言:"事物的本身并不影响人,人们只受对事物看法的影响!"即使我们不能改变环境,至少我们可以改变内心的想法和看待事物的态度;我们不可以改变自己的容貌,但可以展现笑容;我们不能控制他人,但可以掌握自己;我们不能预知明天,但可以利用好今天;我们不可能百战百胜,但我们可以尽心尽力……

一个人思考的角度，可以主宰我们面对事情的态度。卢梭曾经写道："如果一个人打从心底就惧怕痛苦，惧怕困难，惧怕不测的事情，那么他永远也成就不了什么大事。"这句话的意思告诉我们，假如一个人在内心充满着"办不到""不可能"的消极想法，那么他最终就真的会办不到那些不可能的事情，因此，如果我们想出人头地，就必须调整自己的想法，让积极的想法改变消极的看法，如此，才能看见自己生命的阳光。

愚人与世界死磕到底，
智者懂得给世界让路

4. 遇事不钻牛角尖

有一则脑筋急转弯这么说:"一个人要进屋子,但那扇门怎么拉也拉不开,为什么?"回答是:因为那扇门是要推开的。

生活中我们有时会犯一些诸如只知拉门进屋,不知推门的错误。其中的原因很简单,就是我们有时遇事爱钻牛角尖,不会变通。有时候,周围的环境变了,我们却不知变通,还在固执一端,钻牛角尖,认死理,结果却闹出笑话来。

《吕氏春秋》里记载:

楚国有一个人搭船过江,一不小心,身上的剑掉进了河里。同船的人都劝他下水去捞,但他却不慌不忙,从身上拿出一把小刀,在剑落水的船边刻个记号,有人问:"做什么用啊?"他回答说:"我的剑就是从这个地方掉下去的,我作个记号,等会儿船靠岸时,我就从这个记号的地方下水去把剑找回来。"船靠岸时,他就这样去找剑,结果自然没有找到。

刻舟求剑,是一种刻板的、不知变通的思维方式。有时候我们的思想就像那把剑,环境的大船已经变了,而我们却还在那里原地不动;有时候我们也会刻舟求剑。

俗话说:"变则通,通则久。"只要我们学会变通,许多事情都能变不可能为可能,都能变坏事为好事。

两个欧洲人到非洲去推销皮鞋。由于炎热,非洲人向来都是打赤脚。第一个推销员看到非洲人都打赤脚,立刻失望起来:"这些人都打赤脚,怎么会要我的鞋呢?"于是,他便沮丧而回。另一个推销员看到非洲人都赤脚,惊喜万分:"这些人都没有皮鞋穿,皮鞋市场肯定大得很呢!"于是,他想方设法引导非洲人购买皮鞋,最后他发了大财而回。

第一个人不懂变通,一味钻牛角尖,总以为牛不喝水,便不能强按头。第二个人则不然,他变通一下,给牛点盐吃,不也就能让它喝水了嘛?

关于皮鞋的由来,据说还有这样一个典故:

早期没有鞋子穿,人们走在路上,都得忍受碎石硌脚的痛苦。某一个国家,有一个太监把国王的所有房间全铺上了牛皮,当国王踏在牛皮上时,感觉双脚非常舒服。

于是,国王下令全国各地的马路上,都必须铺上牛皮,好让国王走到哪里,都会感觉舒服。有一个大臣建议:不需要如此大费周折,只要用牛皮把国王的脚包起来,再拴上一条绳子就可以了。于是无论国王走到哪里,都会感到舒服。

故事中的大臣是聪明的,他的变通,使舒服与节约两全其美。假如,我们在工作学习之余,能学会变通,随时调整自己的方向和步骤,便会有事半功倍的效果。

5. 逆向思维，超越常规的思维方式

一个非常著名的公司要招聘一名业务经理，丰厚的薪水和各项福利待遇吸引了数百名求职者前来应聘，经过一番初试和复试，剩下了10名求职者。

主考官对这10名求职者说："你们回去好好准备一下，一个星期之后，本公司的总裁将亲自面试你们。"

一个星期之后，10名做了准备的求职者如约而至。结果，一个其貌不扬的求职者被留用下来。

总裁问这名求职者："知道你为什么会被留用吗？"这名求职者老实地回答："不清楚。"

总裁说："其实，你不是这10名求职者中最优秀的。他们作了充分的准备，比如时髦的服装、娴熟的面试技巧，但都不像你所做的准备这样务实。你用了一种超常规的方式，对本公司产品的市场情况及别家公司同类产品的情况作了深入的调查与分析，并提交了一份市场调查报告。你没被本公司聘用之前，就做了这么多工作，不用你又用谁呢？"

在生活中，人们总是习惯于遵循一贯的观点和想法，总是习惯于按常规去做一些事情，却不知道机遇往往就蕴藏在我们的灵机一动之中。

因此，平时我们不妨经常问一下自己：为什么我们总是习惯于做大家都会做的事情，为什么不给自己一个突破的机会呢？的确，在人的思想里面，有千万个叫做灵感的精灵，它们随时可能跳出来，但是也可能永远都在天堂里面睡觉，而这一切都取决于我们自己。

我们总是习惯于遵循一贯的观点和想法，总是习惯于按常规去做一些事情，却不知道机遇往往就蕴藏在我们的灵机一动之中。

有一天，动物园的管理员们发现袋鼠从笼子里跑出来了，于是开会讨论，一致认为是笼子的高度过低。所以他们决定将笼子的高度由原来的10米加高到20米。结果第二天他们发现袋鼠还是跑出来，所以他们又决定再将高度加高到30米。没想到隔天居然又看到袋鼠全跑到外面，于是管理员们大为紧张，决定一不做二不休，将笼子的高度加高到100米。

一天，长颈鹿和几只袋鼠在闲聊，"你看，这些人会不会再继续加高你们的笼子？"长颈鹿问。"很难说。"袋鼠说，"如果他们再继续忘记关门的话！"

其中的奥秘在于管理员只想到了笼子的高度，没有想到关门。

上课时，老师先给学生们讲述了这么一个故事：

一个聋哑人到五金行买钉子，他先用左手做持钉状，提着两个手指放在柜台上，然后右手做锤打状。售货员先递过把锤子，聋哑人摇了摇头，指了指做持钉状的两个手指，这回售货员终于拿对了。

这时，又来了一位盲顾客，他想买一把剪刀，"那位盲人又怎样用最简单的方法买到他要的剪刀？"教授问。教授话音刚落，一个学生就抢着回答："只要伸出两个指头模仿剪刀的样子就可以了。"其他同学也纷纷点头一致认同他这一"最简单的方法"。不料，教授却摇摇头。"其实，盲人只要开口说一声就行了。"教授提高嗓门说。

同学们恍然大悟。老师语重心长地说："记住，一个人进入思维的

愚人与世界死磕到底，
智者懂得给世界让路

死角，那智力就会在常识之下。"

在日常生活中，常见人们在思考问题时"左思右想"，说话时"旁敲侧击"，这就是侧向思维的形式之一。

如果我们只是顺着某一思路思考，往往找不到最佳的感觉而始终不能解决问题，甚至让自己走入思维的死角，而导致一些常识性错误的发生。这时，可以让思维向左右发散或作逆向推理，有时能得到意外的收获，从而促成思维的完善和问题的解决。

逆向思维是超越常规的思维方式之一。按照常规的思路，有时我们便会缺乏创造性，或是跟在别人的后面亦步亦趋。当我们陷入思维的死角不能自拔时，不妨尝试一下逆向思维法，打破原有的思维定势，反其道而行之，开辟新的境界。

6. 让想象为你插上翅膀

美国的莱特兄弟是一对爱别出心裁、搞点花样的人。兄弟俩本来是靠修理自行车过活的，本可以守摊混饭吃，但他俩并不满足现状。

一天，兄弟俩在门前马路上试骑刚修好的自行车，由于车闸失灵、路陡坡大，自行车一下冲了出去，吓得路上的鸡、鸭到处乱飞。

"哎，要把咱们的自行车变得能往天上飞，那该多好！"

"把汽车、火车都安上翅膀，就都能上天了！"

……

兄弟俩真想搞点花样了。

我们都明白，铁跟空气比谁重谁轻，想让很重的发动机飞上天，那不成了神话了吗？莱特兄弟的"花样"受到很多人的反对。

但是，莱特兄弟不被困难吓倒。他们一边学习理论知识，一边经常观察雄鹰盘旋、燕子高飞，花了大量的时间在家钻研。经过10多年的努力，终于制成了第一架双翼飞机。兄弟俩高兴地把这架用内燃机做动力，用木料做骨架，用帆布做机篷的飞机叫做"飞行者号"。从此，莱特兄弟给人类开辟了航空科学的新纪元。

富有想象力的人都有着旺盛的求知欲和强烈的好奇心；而缺乏想象力的人总是坚信自己所学的知识是对的，却很少想到这些知识有什么不对之处。

因此，一些人总是用前人所用过的传统方式去看待事物。这样，他

愚人与世界死磕到底，
智者懂得给世界让路

们只能见到前人已见到过的东西,只能想到与前人已经发现了的东西有什么联系,却容易忽略有什么新的联系。而有旺盛求知欲和强烈好奇心的人却不这样,他们对新鲜事物特别感兴趣,并且发现有意义的问题以后,能够请教老师和朋友,因此他们进步很快。

爱因斯坦说:"想象比知识更重要,因为知识是有限的,而想象力概括着世界上的一切,并且是知识进化的源泉。"

老师提问:"雪化了变成什么?"

"变成水!"大家异口同声。

一个小孩子回答:"变成了春天。"这个回答是多么富有想象力,又是多么富有艺术性,可居然被判为零分。因为老师认为,这个问题的标准答案不是这样。

想象力是人类独有的才能,是人类智慧的生命线。在创造发明和探索新知识的过程中,想象力是一切希望和灵感的源泉。它不仅引导我们发现新的事实,而且激发我们作出新的努力,使我们预言未来,看到可能产生的后果。

7. 拓展思路，激发潜能

毫无疑问，一个会动脑筋思考的人总能把握住机会，并妥善地解决问题，成功离不开睿智的创意。

让自己比别人多想一点，让自己的思维与众不同，也许我们想出来的就是一个无与伦比的好点子！很显然，如果人的思维开阔，会从多角度去思考问题，就很容易找到解决问题的有效途径。

这是一个关于曲别针用途的故事：

在一次有许多中外学者参加的旨在开发创造力的研讨会上，日本一位创造力研究专家应邀出席了这次活动。

在这些创造思维能力很强的学者同仁面前，风度潇洒的村上幸雄先生捧来一把曲别针（回形针）："请诸位朋友，动一动脑筋，打破框框，看谁说出这些曲别针的用途，看谁创造性思维开发得好，多而奇特！"

不久来自河南、四川、贵州的一些代表踊跃回答着。"曲别针可以别相片；可以用来夹稿件、讲义。""纽扣掉了，可以用曲别针临时钩起……"七嘴八舌，大约说了二十几分钟，其中较奇特的是把曲别针磨成鱼钩去钓鱼，大家一阵大笑。

村上对大家在不长时间讲出好几十种曲别针的用途很称道。人们问："村上您能讲多少种？"

村上莞尔一笑，伸出 3 个指头。

"30 种？"

村上摇头。

"300种？"

村上点头。人们惊异。不由地佩服这个聪慧敏捷的思维。众人都拭目以待。

村上紧了紧领带，扫视了一眼台下那些透着不信任的眼神，用幻灯片映出了曲别针的用途……

这时中国的一位以"思维魔王"著称的怪才许国泰先生向台上递了一张纸条，人们对此十分惊奇。

"对于曲别针用途，我能说出3 000种，3万种！"

邻座对他侧目："吹牛不上税，真狂！"

第二天上午11点，他"揭榜应战"，轻松地走上讲台，走上了讲台，他拿着一支粉笔，在黑板上写了一行字：村上幸雄曲别针用途求解。

原先不以为然的听众被吸引过来了。

"昨天，大家和村上讲的用途可用四个字概括，这就是钩、挂、别、联。要启发思路，使思维突破这四种格局，最好的办法是借助于简单的形式思维工具——信息标与信息反应场。"

他把曲别针的总体信息分解成重量、体积、长度、截面、弹性、直线、银白色等10多个要素。再把这些要素，用根标线连接起来，形成无数条信息连线。

然后，再把与曲别针有关的人类实践活动要素进行综合分析，连成信息标，最后形成信息反应场。

这时，借助于现代思维之光，超常思维射入了这枚平常的曲别针，马上变成了孙悟空手中的金箍棒，变幻神奇而富于哲理。

他从容地将信息反应场的坐标，不停地组切交合。

通过两轴推出一系列曲别针在教学中的用途，把曲别针分别做成阿拉伯数字。再做成+－×÷的符号，用来进行四则运算，运算出数量，就有一千万、一万万……

曲别针可做成英、俄、希腊等外文字，用来进行拼写读取。

曲别针可以与盐酸反应生成氢气，可以用曲别针做指南针。

曲别针是铁元素构成，铁与铜化合是青铜，铁与不同比例几十种金属元素分别化合，生成的化合物则是成千上万种……实际上，曲别针的用途，几乎近于无穷！

他在台上讲着，台下一片寂静。与会的人们被思维"魔球"深深地吸引着。驰名中外的科学家温元凯高兴地说："高明，简直是点金术。"

此时，再也没有人说曲别针有3 000种、3万种用途是吹牛，而是对这种新的开发思路感到了新奇，普遍陷入打破了原有的思维格局的沉思……

愚人与世界死磕到底，
智者懂得给世界让路

Part 6

当你认为自己被世界遗忘的时候，
　　有人最先想起你

【9步改善你的人脉关系】

1. 朋友在快乐大道上等你

俗话说："在家靠父母，出外靠朋友。"此话说得很好，出门在外，没有几个能够托付身心的朋友，人生岂不太孤独无援了？培根说："缺乏真正的朋友，仍是最纯粹、最可怜的孤独。"的确，没有友谊，没有关心，没有爱的人生是不幸的。

在现代社会，"相交喻于利"，人际关系越来越建立在各自利益的基础上，而那种互相勉励、互相帮助，患难与共的兄弟般的情谊已日渐稀少。这或许正是现代人生活富有却十分孤芳自赏的原因所在吧！

有一位在外企工作的职业经理人谈到友谊时曾说："我真希望为自己找一个知心朋友，我有不少生意场上的朋友，但无一是可称得上知己的，我感到十分孤单。偶尔心血来潮，毫无缘由地打电话，结果仅仅是问个好，谈天说地的事从来没有过——根本就没有这样的对象。没有朋友，没有友谊，结果陷在孤单的漩涡中。这真是现代人的悲哀！

敞开友谊之门吧，很多时候，我们抱怨孤独，抱怨没有真正的朋友。其实，是我们自己先把自我封闭在一个狭窄的世界里了，假如你不先伸出友谊的手，却希望人家来握你的手，何异于想"在沙漠里抓鱼"呢？敞开你的心扉，主动结交一些真正的朋友。当你孤独时，当你烦恼时，不妨打个电话给朋友，不妨邀朋友一块儿散散步，或是共进晚餐，或是亲自去看望一下久违的朋友……做完这一切后，或许你会突然发现：有个朋友真好！和别人不能说的话，和朋友却可以说；有了困难，还是朋

当你认为自己被世界遗忘的时候，
有人最先想起你

友鼎力相助；自己卧病在床，是朋友手捧鲜花前来探望……友谊使我们领略到了生命的意义。

　　对于友谊，我们应认清什么是真正的朋友。在交友时，应多交益友，而不应与唯利是图的小人或酒肉之徒结为朋友。李白有诗云："人生贵相知，何用钱刀为。"建立在金钱关系上的朋友不可靠，人之相知，贵在知心，正所谓"浇花浇根，交友交心"。真正的朋友，当你走投无路的时候，能够给你有力的鼓励，而当你最趾高气扬的时候，也敢于为你"浇冷水"；真正的朋友，是不会张口就是友谊，闭口就是义气的。他们不会向你提什么要求，却会在你困难时挺身而出。爱因斯坦说："世间最最美好的东西，莫过于有几个头脑和人品都很正直的朋友。"与有见识的朋友结交，与敢进直言的朋友结交，实乃是人生的一大幸事。交友能达到这种境界，你就可以慨叹"人生得一知己足矣"了！

　　庄子云："君子之交淡如水，小人之交甘若醴，君子淡以亲，小人甘以绝。"貌似淡若清水的友谊，其实是最忠诚可靠。这样的友谊，真正恰似陈年老酒，身处其中，你会越品越浓，越品越香！

2. 编织你的人脉网络

　　许多时候，我们面临的生活问题、工作问题，单单依靠个人的力量很难解决。但是朋友多了就不一样了，朋友会出主意，出人力、物力为我们解决难题。因此，世界首富比尔·盖茨说："一个人永远不要靠自己一个人花100%的力量，而要靠100个人花每个人1%的力量。"

　　朋友越多，路子越宽，事情就越好办。

　　几千年来，这个道理已经被无数的经验和教训所验证。人们现在说的"人脉""圈子"也就是这个道理。

　　王师傅从洛钢下岗半年多了，如今他又上班了。令他想不到的是，这次居然是工作主动找到他的，当然这还得益于几年前王师傅结识的一位朋友。

　　两年前王师傅为了给孩子筹集上大学的学费，决定将自己的房子出租。在出租房子时，王师傅认识了一家房屋中介公司的刘女士。在会谈中，双方商谈得十分愉快。不久，王师傅的家搬到了桥西区，与刘女士的公司离得远了，双方联系得也少了。

　　没有多长时间，王师傅工作的厂子破产了，工厂被个人承包之后王师傅被下岗分流了，赋闲在家。一次王师傅去桥东办事，遇到了刘女士，双方聊了起来。在得知王师傅下岗在家待业后，刘女士说自己的公司正在扩大，需要一个办理产权手续的员工，不知道王师傅是否愿意屈就。王师傅想，他们只是为了出租房子打过几次交道，双方又有好长时间未曾谋面，所以以为这是一句客气话，并未往心里去，只是口头应承着说回家考虑一下。

哪里知道，王师傅刚办好事回到家，刘女士就打电话问他是否第二天就能上班。刘女士说，办房产手续对于公司而言是一个重要岗位，交给陌生人不放心，王师傅是个热心肠，又是熟人，如果方便的话，可以马上上班。

第二天，王师傅就赶到刘女士的公司去上班了。如今刘女士的公司又扩大了，王师傅成为桥西分部的经理。

王师傅深有感触地说："朋友多了路好走，这话一点儿也不假呀。"

很多人在办事不顺或者四处碰壁的时候，经常会有这样的感触："如果我有足够多的关系，一定可以更加顺利地完成这个工作！"因为，只要我们和那些关键人物有所联系，当有事情想要去拜托他或是与其商量讨论时，我们总是能够得到很好的回应。

这种与关键人物取得联系的有利条件，就是好人脉所拥有的巨大力量。事实上，我们编织的关系网越宽广，我们做起事来就越方便。

可见，搭建丰富有效的人脉网络是我们成功地解决自己工作与生活中的难题，到达成功彼岸的重要因素。

就职于南京市一家大银行的李华，奉命写一篇有关某公司的资信报告。他知道一家大工业公司的董事长有自己非常需要的资料，于是，李华去见那个人。当他被迎进董事长的办公室时，年轻的女秘书进来告诉董事长，她今天没有什么邮票可给他。

"我在为我那8岁的女儿搜集邮票。"董事长对李华解释。

李华向董事长提出一些自己想了解的问题，董事长的回答很含糊，没有给李华提供什么有用的信息，李华无论怎样试探都没有效果。

回到家中，李华一直想怎么样才能打动那位董事长，得到自己需要的资料。他想起秘书对董事长说的话——邮票，8岁的女儿……李华想起银行的国外业务部经常收到来自世界各地的信件。

　　第二天早上，李华带了一些邮票送给董事长。董事长满脸带笑，对李华客气得很，连连感谢，说："我的小娜将会喜欢这些。"

　　然后董事长用了一个多小时告诉了李华他想要知道的全部资料，然后，他又叫下属进来，问他们一些问题。董事长还打电话给同行，向他们索要李华需要的一些事实、数字、报告和信件。这一次拜访，李华大有收获。

　　李华所遇到的问题的确很难，因为写某公司的资信报告，有可能涉及企业的财务及商业机密。但是李华给董事长送去他女儿需要的邮票之后，两人的关系由纯粹的业务关系上升到了朋友关系。李华正是以自己的真诚结交了董事长这个朋友，才得到了朋友的帮助，解决了很难解决的问题。

当你认为自己被世界遗忘的时候，
　　有人最先想起你

3. 原谅朋友的过错

周华健的一首《朋友》不知道唱出了多少人的心声："一句话一辈子，一生情一杯酒，朋友不曾孤单过，一声朋友你会懂。"大千世界，茫茫人海，与我们擦肩而过的人很多，和我们相识的人也是不计其数。有血缘关系的亲人就是屈指可数那么几个，除了亲人之外，还有另外一种人，这种人尽管没有血缘关系，但他们像亲人一样关心我们、爱护我们、帮助我们、在乎我们，这种人就是朋友。

一个人一生中有一个真正的朋友是一件幸事，但是，找到一个真正的朋友也是一件很不容易的事。

朋友在于经营，需要我们用心去维护，友情禁不住折腾，"人情反复，世路崎岖。行去不远，需知退一步之法；行得去远，务加让三分之功。"以宽厚之心对待朋友。此话是朋友相处的至理名言。

人非圣贤，孰能无过，每个人都有犯错误的时候，朋友也不例外。当朋友损害了我们的利益时，应该以一颗宽容之心对待他，这样，我们自己的心灵不但能得到解脱，同时我们的宽容也能拯救朋友堕落的灵魂。

如何对待朋友的过错？且看李显明是怎样做的。

李显明很伤心，由于好友张小为在自己的公司电脑上做了手脚，使他损失了几十万元，心中一直愤愤不平，尽管李显明委托律师将张小为送进了牢房，但他还觉得不够。出狱后，张小为觉得对不起李显明，几次打电话向李显明道歉。李显明一听是张小为的声音，不容分说立刻将电话挂断。

李显明的妻子是个通情达理的人，她数次劝他应该宽宏大量，何况张小为是电脑专家，对他的生意很有帮助。李显明经过深思，觉得妻子说的有道理，可是每次拿起电话来他心中就想起那几十万元，又想起张小为曾像只老鼠似的偷盗过那些钱，使他的生意差点垮掉，于是又放下电话，长叹一口气。

尽管已经过了很长时间，李显明还是处于这种矛盾中，一会儿觉得应该原谅张小为，毕竟他是个电脑专家，曾经帮助过自己；一会儿又想，难道要原谅伤害过自己的人吗？不，不行。

直到有一天，一位心理医生告诉他："你形成了一种心理障碍，这种障碍不仅会妨碍你与张小为的关系，也会妨碍你与他人的交往，你必须积极地清除它。"

李显明终于鼓起勇气，给张小为打了一个电话，告诉张小为明天可以到办公室见他。第二天，他们谈得很顺利，李显明决定再次聘请张小为到公司工作，他对张小为说："我相信你不会再辜负我。"

张小为没有辜负李显明的期望，对公司尽心尽责，使公司的生意越来越红火，而他和李显明的友谊也越来越牢固，俩人成了真心的知己。

若朋友未能满足我们的需求或做了对不起我们的事情，切不可怀恨在心。因为怨恨不仅会加深朋友间的误会，影响友情，而且还会扰乱正常的思维，引起急躁情绪。凡事要换个角度想想，这样或许能够理解朋友的所作所为，《菜根谭》中有句话："径路窄处，留一步与人行；滋味浓时，减三分让人尝。此是涉世的极乐法。"在道路狭窄之处，应该停下来让别人先行一步。只要心中常有这种想法，那么人生就会快乐安详。因此走不过的地方不妨退一步，让对方先过，就是宽阔的道路也要给别人三分便利。有礼也要让三分。

有两个朋友结伴在沙漠中旅行，在旅途中的一个地方，他们因为一件莫名的小事吵了起来，最后一个还给了另外一个一记耳光。被打的心里觉得很不是滋味，但是他却一句话也没说，只是默默地伸出了自己的一个手指，在沙子上写下："今天我的好朋友打了我一巴掌。"

之后，他们继续往前走，经过长途跋涉，他们来到了一个湖的边上，好久都没有见过这么大、这么美的湖了，于是，他们就决定下去游泳。不幸的是，挨巴掌的那位游到那湖中心的时候，由于过度疲劳导致小腿抽筋，差点溺水而亡，幸好被朋友救起来。在谢过救命之恩后，他拿起一把小刀，在石头上很小心地刻下："今天我的好朋友救了我一命！"

朋友看到他又刻字了，十分好奇，就问："为什么我打了你以后，你要把字写在沙子上，而现在却要把字刻在石头上呢？"

他笑了笑，回答说："当被一个朋友伤害时，要写在容易忘却的地方，用不了多长时间就会被风雨抹掉；相反，如果得到帮助，我要把它刻在心灵的深处，让世界上所有的人都知道友情的珍贵！"

有时候朋友的伤害往往是无心的，而帮助却是真心的。很多时候我们却对那些芝麻大的伤害斤斤计较，对那些莫大的帮助视而不见，心里留下的也只有无穷的幽怨与烦闷。其实，只要我们忘记那些无心的伤害，铭记那些对我们真心的帮助，就会发现这世界上，我们有很多很多真心的朋友。

原谅一个人有时候能使之再生，对其心灵会造成莫大的震撼。宽容需要有一颗博大的心，它可以使自己最大限度地减少麻烦，不为一点小事斤斤计较。因此，我们不要把朋友之间的怨恨常记心头，因为这在带给对方心灵折磨的同时也给自己带来了痛苦，使自己活在怨恨的影子里无法自拔。

有一位哲人说过：一分钟可以认识一个人，一小时可以喜欢一个人，一天可以爱上一个人，但一辈子也忘不掉一个人。当我们看到这里，会感受到什么？在这漫长而又短暂的一生中，想找一个知音是多么不容易啊！而在日常生活中，就算最要好的朋友也会有摩擦，就算最亲近的故人也会有误解，我们也许会因为这些摩擦、误解而分开，而抱憾终生。

4. 不要过度依赖朋友

生活中每个人都会有很多朋友，当自己一个不小心跌倒了，自然会有人来扶持我们，那个人就是朋友。朋友一句关心的话语可以温暖我们的心，朋友一个关爱的眼神可以给我们无限的力量，朋友一个细微的表情就可以让我们扭转局面。

有朋友固然很好，但作为一个独立的个体，我们必须有足够的能力来照顾自己，对朋友可以信任，但请不要用来依赖，对朋友依赖久了，一旦我们的生活中少了他，我们的世界就会坍塌。更重要的是，一有事情就去折腾朋友，不仅我们会感觉很累，我们的朋友也会很烦，因为此时我们已成为他的负担。

"有难同当，有福同享"是朋友的真心，在与朋友相处中，友谊是纯洁的，可切勿滥用凡事"靠"朋友这招来逼迫朋友为我们办事。

张超是个很讲义气的小伙子，大学毕业后分在省级机关工作。自打成家有子之后，他越来越有一种负疚感：自己到底是不是那种薄情寡义之人？

他越来越怕接到朋友或家乡故人的电话或信，内容无非是说"我几时几时要到你那儿，请你帮忙买张卧铺票""联系个著名的医生""陪我逛逛百货大楼""托你带件什么东西""帮我……"诸如此类的事。

要说这些事有多难吧，也确实没多难，要说没多大事吧，可每次总把人折腾得筋疲力尽。更可怕的是朋友到家里来住，地方小倒腾不开，再加上还要吃喝用拿。自打朋友走后的那几天,妻子的脸色总是怪怪的,阴晴不定,时不时嘴里冒出一句:"狐朋狗友!"弄得张超左右为难、尴尬万分。

张超的感觉其实没有任何错,错出在他的朋友身上。他们过度地依赖张超,不光张超自己感觉很累,而且连带家人都跟着受罪。

友情确实可以成为我们在社会生活中的动力机器,但它毕竟马力有限,需要不时加油。为了让它发挥正常的功效,正常运转,请注意别让友情超载。

首先,传统的友情总是抱定一种不讲道理的假设:"是朋友就该如何如何"。事实上,任何人都没有这种必须帮助我们的义务,假若我们真心当他是朋友,就不该要求别人如何如何,在友情的逻辑中,上述假定应更改为"只有如何如何,才能够朋友"。

其次,我们要设身处地地为对方想一下,一个健康的个体必然充分注重保护自己各方面的权利,他总是希望得到有价值的东西,选择对自己有价值的交往。许多人常常为功利与情义而纠缠不清,总想把自己真实的动机掩盖起来,其结果反而是两败俱伤、一无所获。要记住,积极健康的个体并非无私无欲,但能取之有道。

最后,要注意,别以为我们交代朋友的都是小事,这里面还牵涉着很多问题。现代人的生活就像军营一样,上班、下班、吃饭、熄灯都是整齐划一的。不同的是,这种秩序不是靠纪律而是靠生产和生活方式决定的。如果我们找朋友帮忙时,或许没耗费他们的金钱与精力,但却可能打乱了他正常的生活秩序。为了搞车票,要耽误工作而且欠人情;为了陪我们吃饭,没能接孩子,妻子不高兴……朋友也许不好意思说他的付出与牺牲,但我们若将这一切视为当然或应该,时间久了,就不会再有朋友了。

要想友谊天长地久,就要相互理解体谅。无论在哪里,都不能一味地"靠"朋友。找朋友当拐杖其实是贬低朋友，滥用朋友的情义。

就算是再好的朋友，如果愈接近，相处之道也愈难以拿捏。例如，脱离上班族的生活，和朋友合资经营生意，过程是相当坎坷的。因为这其中牵扯到利害关系，朋友间的交往也不可能将这些因素拿掉，只做单纯的交往。

在与朋友交往的过程中，有些误区犹如"地雷"，没有碰到它当然平安无事，一旦碰到它，炸响了就会使双方都受伤。这样的结果是任何一个人都不愿意看到的。所以说，要想把朋友交好就千万注意不要去碰这些"地雷"。

第一，出门靠朋友。人作为主体与周围客体发生联系的时候，总会发现有的客体能够满足自己的需要，而有的则满足不了，多数人总是会选择与前者进行交往。

第二，没有真正为朋友着想。真正的友谊不在于共享欢乐或无微不至的关怀照顾，而在于危机时的关心、指点、理解与支持。

第三，滥用他人的友情。关键的朋友要留在关键的时候再用，不要把他们的善意滥用在无关紧要的事情上，就像遇到危险之前要保持火药干燥一样。倘若我们迫不及待地让朋友为我们办事，日后还有什么能让他为我们做呢？能够帮我们的朋友比一切都珍贵，珍贵之物决不应滥用。

朋友间的交往方式，没有固定的公式或是正确答案。但我认为保持适当的距离才能细水长流，应该以这个原则为基础。不能因为两个人非常合得来，就过分接近，这样反而会产生危害。和朋友、知己间的距离没有一定的标准，虽然我们无法目测，但是我们可以抓住感觉，了解"和这个人要保持多少距离，和那个人要保持多少距离"以和不同的人交往。

5. 朋友之间不可斤斤计较

朋友或许是以这样的方式出现：肝胆相照、两肋插刀、彼此信任、有所担当。如果碰到这样的朋友，那算是自己千年修来的缘分，高山流水遇知音，此生一人足矣。

但我们的大多数朋友却是这样的：关系比较密切，肝胆相照但不一定会两肋插刀，彼此信任但不完全信任，有所担当但得付出相当。这样的朋友也算难得，会说真话，也做真事。

更有一些朋友是为了彼此需要，互相捧场，出于利益的来往，与感情无关，与道德无缘，唯有利益和需要决定彼此来往的密切程度。

所以对朋友不要过于苛求，倘若是第二类朋友，能说真话做真事在如此世间也是很少的，这也是值得重视和珍惜的。平时少些计较，多些宽容，少些提妨，多些真诚，如此则好。

歌德与席勒的友谊为世人所称颂。

两位德国最伟大的、至今仍然备受推崇的诗人不仅生活在同一个时代，而且生活在同一个小城中，相距不过几百米远。

即使死亡也无法把他们分开：他们的棺材并排躺在同一个墓穴中，在城市的纪念碑上他们像双胞胎一样肩并肩得站在底座之上。人们经常能在书中读到关于他们"真挚的友谊"的描述。两个人都是那么著名、那么受人尊敬、那么富有天才。

但他们又有着巨大的差异，歌德于1749年生于法兰克福一个富有的城市贵族之家，随心所欲地在不同的城市学习法律，早在年轻的时候就已经是著名的诗人，并供职于魏玛的官廷，他是上天的宠儿，一个不必为金钱发愁的人。而席勒只是一个军医的儿子，出身于拮据的市民家庭，13岁的时候被公爵强制塞进了斯图加特的军事学校，不情愿地学起了如何当医生。他是一个病恹恹的，永远要为生计奔波的人，一个上天的弃儿，一个带着债务来带着债务走的人。

而且他们相识之初根本不喜欢对方。席勒评价歌德说："即使对他最亲近的朋友，他也从不吐露心曲。在任何事情上都抓不住他。我的确认为，他是一个极不寻常的利己主义者。"而歌德当时对席勒也并无好感，只不过这位年长的诗人比较收敛含蓄，谈起席勒时不是那么冲动，感情色彩不是那么强烈。

直到很多年后，他们才坐下来讨论这个问题。其中一个这样写道："我怀疑，我们是否真的走得很近……他的世界不是我的，我们的思考方式看起来是那么不一样。总是围着他转让我感到很颓丧。"另外一个人则觉得他们的思考方式和生活态度根本就是分别在"地球的两个半球上"。

但是，这些并不影响两人成为朋友。1794年7月20日，歌德和席勒参加了在耶拿召开的自然研究协会的一次会议。散会后，两人同路，边走边谈，进行了一次具有历史意义的谈话。交谈中歌德生动地描绘植物的生长变化。席勒听后说道："这并非经验，而是一种观念。"这次谈话与其说使两人观点更接近，毋宁说使差异更明显。但席勒认为这并非坏事，他深信歌德对此也有同感。因此他在8月23日真诚地给歌德写了一封信，对歌德进行了全面的深入的评价。

席勒在信里谈到：歌德是个天才。天才的本质特点乃是自己的行动自己并无意识。因此席勒大胆地说道，歌德对他自己并不了解，也无法正确分析，"天才对自己总是个谜。"他对歌德的深刻分析，表明他对歌德的了解的确胜于歌德自己。

当你认为自己被世界遗忘的时候，
有人最先想起你

席勒正直诚恳的性格和深邃精湛的思想,给歌德留下了深刻的印象,使得歌德摒弃对席勒的成见和隔阂,把他视为知己引为挚友。就这样两位诗人肩并肩、手携手地向着共同的目标前进。他们互相鼓励、互相启发,酝酿和创作了一系列辉煌巨著。

正是不计较对方的缺点才让两人结下了伟大的友谊,也让我们再次明白"金无足赤,人无完人""求同存异"所蕴含的道理。

朋友之间怎样相处是一门很深的学问,有的人甚至用毕生的精力也没能研究透彻。多少不甘寂寞的人穷究原委,试图领悟到友谊真谛,希望能拥有一段轰轰烈烈的友谊。然而友谊哲理的复杂性,使人们不可能在有限的时间内洞悉其全部的内容。

水至清则无鱼,人至察则无徒,对朋友不要太计较。太计较了,就会对什么都看不惯,连一个朋友都容不下,把自己同社会隔绝开。镜子很平,但在高倍放大镜下,就成了凹凸不平的山峦;肉眼看很干净的东西,拿到显微镜下,满目都是细菌。试想,如果我们"戴"着放大镜、显微镜生活,恐怕连饭都不敢吃了。再用放大镜去看朋友的毛病,恐怕许多人都会被看成罪不可恕、无可救药的了。

人非圣贤,孰能无过。与朋友相处就要互相谅解,经常以"难得糊涂"自勉,求大同存小异,有胆量,能容人,我们就会有许多朋友,且左右逢源,诸事遂愿;相反,过分挑剔,"明察秋毫",眼里不揉半粒沙子,什么鸡毛蒜皮的小事都要论个是非曲直,容不得人等,这样一折腾,朋友也会躲我们远远的,最后,我们只能关起门来当"孤家寡人",成为使人避之唯恐不及的异己之徒。

有时朋友冒犯我们,其中可能是另有原因的,不知哪些烦心事使他此时情绪恶劣,行为失控,正巧让我们赶上了,只要不是恶语伤人、侮辱人格,我们就应宽大为怀、不以为然,或以柔克刚、晓之以理。总之,没有必要与朋友瞪着眼睛折腾。假如折腾过了,大动肝火,枪对枪、刀对刀地干起来，再酿出个什么严重后果来，那就太划不来了。与朋友如此，实在不是聪明人做的事。

　　古今中外，凡是能成大事的人都具有一种优秀的品质，就是能容人所不能容，忍人所不能忍，善于求大同，存小异，团结大多数人。他们具有宽阔的胸怀，豁达而不拘小节；大处着眼而不会鼠目寸光；从不斤斤计较，纠缠于琐事，所以他们才能成大事、立大业，使自己成为不平凡的人。

　　但是，如果要求一个人真正做到不计较、能容人，也不是简单的事。我们需要有良好的修养、善解人意的思维方法，并且需要经常从对方的角度设身处地地考虑和处理问题，多一些体谅和理解，就会多一些宽容，多一些和谐，多一些友谊。

6. 朋友不能拿来利用

现实生活中有很多人喜欢跟朋友玩心眼，喜欢利用朋友，他们认为朋友不是用来依靠的，而是用来利用的，他们这种心态导致他们自私自利、唯利是图。一些书店里面的图书，大多关于教我们做一个有心计的人，教我们如何玩心眼，这一切可能导致这个社会人与人之间的尔虞我诈、钩心斗角，在一些人内心深处可能有这种心理倾向，所以他们看到这种书籍之后便很容易吸收进去，其实他们不懂朋友是什么概念。

刘东和张武是同窗好友，而且同在一家股票软件公司，刘东做客服和一些客户咨询的事，张武负责软件研发。后来，刘东去了一家股票咨询公司，做了股票信息门户网站的编辑部主任，而张武另立门户，开了一家软件公司。

有一天，张武接到刘东的电话，说他有一个项目想和张武合作，让张武前往刘东现在的公司面谈。大概情况是刘东现在去的公司要做一个门户网站，因为涉及交易，所以安全很重要，还有同步传输，访问量等需保证网站的高速度，这对张武来说不存在技术问题，因为张武在以前公司做的股票软件交易系统，与证券交易所的同城传输，系统的同步备份都运行得很好。

按约定时间张武前往刘东所在公司，见到了刘东，老朋友见面，先客气互问好，刘东介绍了他的情况，因为一去就当主任，员工不服气，所以他想与张武合作，以最快的时间开发出这套交易系统和门户网站。

张武看了系统问了在会的研发人员一些问题，然后就告诉他们这个系统该如何做，里面有什么技术要点，以及该如何维护等，研发人员连连点头说是，他们很认可张武的技术。

张武也很高兴，以为签下这个项目肯定没问题了。

当时，其他人不知道张武与刘东的关系。在刘东出去的一段时间，刘东的一个下属向张武说了真实情况，他们花了20万找了一家大公司已经开发出这套系统，只是系统不稳定，但那家公司不愿意免费给他们做后面的工作，如果要再进一步修改与完善，需要公司再付10万。可公司不愿意出钱。刘东自告奋勇把这个任务接了下来。

当张武明白这件事情的前因后果时，马上明白，自己被刘东利用了。他很伤心：如果刘东直接告诉他，有个忙要帮一下，说明情况，自己也会抽空帮他，而刘东居然采用这种手段来利用自己，这样的人根本不配做朋友！

莫说是朋友，即使是普通关系，如果被对方利用，我们也会有一种被羞辱的感觉，刘东对张武做出这样的事，就不怪张武不认刘东这个朋友了。

有一个名人在他的客厅里挂了这样一幅字："我能帮，我不帮，我不够朋友；我不能帮，你要我帮，你不是朋友！"朋友间遇到困难，在力所能及的范围帮上一把，是人之常情。但让朋友勉为其难，甚至于违规、违法，搭上信誉乃至身家性命就实在不能称之为朋友了！

朋友本来就不是拿来利用的，闲暇的时候一起聊聊，烦恼的时候诉诉苦闷，欢乐的时候一起分享，这就是朋友了。一旦拿来用了，甚至牵扯上利益，朋友的感情就往往容易变质。

摆正心态，不勉为其难，这才是为朋友应做的。

有一个法官，他有一个从小就很好的朋友，是公司负责人。有一天，这个朋友因为经济案件被捕，朋友的妻子哭着来找他帮忙，满以为他会

当你认为自己被世界遗忘的时候，
有人最先想起你

鼎力相助，没想到他却拒绝了。朋友妻子因此大为不满，认为他不够朋友，朋友也因此不愿理他，他每次到监狱探望，朋友都态度冷淡，但他仍然坚持。若干年后朋友出来了，态度依然冷淡，但他仍常常到朋友家中坐坐。几年后，朋友一家搬迁外地，他本以为难再见面，没想到朋友却常带着家人回来与他小聚，这时朋友的生活也慢慢好转。他终于开口问朋友还怪他吗？朋友说："还怪什么？事情都过去这么久了。何况当时也挺为难你的。再说，朋友本来就不是拿来利用的。"

这个法官朋友才是真正的朋友。

这个社会纷繁复杂，我们要想找到一个真正的朋友，是很难的，人与人之间对人性的不信任，即使有那么几个君子，也会在社会上某些不良风气熏陶下而腐蚀，一些人因此变得心胸狭隘、目光短浅、斤斤计较、见利忘义，即使是朋友也不放过。

朋友的确有很大的利用价值，或许可以说是无价之宝，他们可以为我们付出很多。但朋友是用来珍惜的，不是用来利用的！我们如果有事直接跟朋友说，他一定会帮我们，这就是朋友之间的默契！友情，往往是很多物质上的东西都换不来的！

有人交友广阔，狐朋狗友遍天下，可以倚仗朋友办这事办那事，常当做资本挂在嘴边卖弄。还有的人清心寡欲，声言得一知己足矣。关于朋友有很多老话烂熟于胸，例如多个朋友多条路，朋友多了路好走，有朋自远方来不亦乐乎……

有人说，现在的现实社会，人与人之间，戒备多于信任，利益高于友情，诚信却稀缺得像天然钻石，有人把诚信比作黄金，可现在黄金也在不断贬值。

但我们应始终相信，友情是藏在每个人心中的种子，是荒凉大漠里面一湾清泉，是雪山上的莲花，在我们最干渴的时候能滋润心田，在我们最绝望的时候给予希望，让我们有勇气重新站起来继续旅程。

朋友是心心相印，任何掺杂了利益的朋友都有变质的危险，有了成就，只有朋友能从心里分享我们的快乐，而不是嫉妒；有了苦闷，只有朋友会静静地倾听我们的唠叨，而不是落井下石；需要帮助的时候义不容辞尽己所能，就算一无所有，还有一颗赤诚的心围绕在我们身边，让我们不会孤单。迎来送往的热闹不断上演，吃吃喝喝、勾肩搭背的所谓朋友也在我们的路上穿梭，究竟谁是朋友？名利高寒阁，冷暖只自知。

7. 朋友间别怕吃亏

长期以来，人们最忌讳将朋友间的交往和交换联系起来，认为一谈交换，就很庸俗，或者亵渎了人与人之间真挚的感情。

但实际上，朋友间你来我往，无论从情感上讲，还是从物质上讲，彼此交流都不乏交换的味道。既然是交换就涉及利益的多寡，因此生意人在与朋友的交往中必须注意：交朋友不同于做生意，要让别人觉得与我们的交往值得。

与朋友交往，情愿自己吃点亏是一个很好的交际方法。不管是吃大亏，还是吃小亏，只要能对搞好朋友关系有帮助，你就要尽力吃下去，不能皱眉。尤其是大亏，有时更是一本万利的事。

当然交友吃亏也必须讲究方式和技巧。

交朋友吃亏要吃在明处，否则就是白吃。有的人为了息事宁人，往往去吃暗亏，结果是"哑巴吃黄连，有苦难言"。

三国时期的孙权就是这样，为了得回荆州，假意将自己的妹妹嫁给刘备，结果在诸葛亮的巧妙安排下，孙权不仅赔了妹妹，又折了兵，荆州还是在人家手中，这个亏未免吃得太不值得了。

亏要吃在明处，吃在暗处就只有白吃了。我们吃亏时，至少要让对方明白，让对方意识到，我们吃亏是为了帮助他。

俗话说："吃亏是福"，是很有道理的。因为吃亏，我们就成了施者，朋友则成了受者，看上去是我们吃了亏，他得了益。然而，朋友却欠了我们一个情，在友谊、情谊的天平上，我们已为自己加了一个筹码，这是比金钱、比财富更值得珍视的东西。

吃亏会让我们在朋友眼里变得豁达、宽厚，让我们获得更深的友谊。这当然会使朋友更心甘情愿帮助我们，为我们办事。

在现代社会，会吃亏的人才不会吃亏。我们不吃点亏，朋友怎么会替我们办事呢？

陈嚣与纪伯为邻，一天夜里，纪伯偷偷地将隔开两家的竹篱笆，向陈家移了一点，以便让自己的院子宽一点，恰好被陈嚣看到了。纪伯走后，陈嚣将篱笆又往自己这边移了一丈，使纪伯的院子更宽敞了。纪伯发现后，很是愧疚，不但还了侵占陈家的地方，而且还将篱笆往自己这边移了一丈。

陈嚣的主动吃亏，让纪伯感到相当内疚，他产生了"以小人之心度君子之腹"的感觉，这就欠下了陈嚣一个人情，即便他还了这个人情，但是每当他想起时，他还是会内疚，还是会想法报答纪伯的。

《菜根谭》上说："人之短处，要曲为弥逢；如暴而扬之，是以短攻短。"意思是：别人有缺点或过失，要婉转地为他掩饰或规劝他，假如去揭发传扬，就是用自己的短处来攻击别人的短处，到时肯定对自己没有什么好处。

所以，有时主动吃亏是要为别人文过饰非，既让他觉得欠我们的人情，又让他知道自己做错了。

战国时，梁国与楚国相邻，两国在边境上各设界亭，亭卒们也都在各自的地里种了西瓜。

梁国的亭卒勤劳，锄草浇水，瓜秧长势极好；而楚国的亭卒懒惰，西瓜秧自然长不好，与对面西瓜田的长势没法比。楚国的亭卒觉得失了面子，有一天夜里偷跑过去，把梁国亭卒的瓜秧全给扯断了。梁国的亭卒第二天发现后气愤难平，报告给边县的县令宋就，并说："我们也过

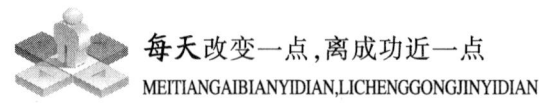

去把他们的瓜秧扯断好了!"

宋就说:"这样做当然是很卑鄙的,我们明明不愿他们扯断我们的瓜秧,那么我们为什么再反过来扯断人家的瓜秧呢?别人不对,我们再跟着学,那就太狭隘了。你们听我的话,从今天起,每天晚上去给他们的瓜秧浇水,让他们瓜秧长得好起来,而且,你们这样做,他们一定会知道的。"

梁国的亭卒听了宋就的话后觉得有道理,于是就照办了。楚国的亭卒发现自己田里瓜秧的长势一天好似一天,仔细观察,发现每天早上瓜地都会被人浇过,而且是梁国的亭卒在黑夜里悄悄为他们浇的。楚国的边县县令听到亭卒们的报告,感到十分惭愧,不由得非常敬佩梁国的亭卒,于是把这件事报告了楚王。楚王听说后,也感于梁国人修睦边邻的诚心,特备重礼送梁王,既表示自责,亦表达酬谢,结果这一对敌国成了友好的邻邦。

为别人文过饰非,实在是个搞好关系的好机会。当别人在众人或是我们面前犯了错,我们一定要抱着吃亏的心理,干脆给他个面子,帮他一把,千万别"暴而扬之"。

心理学家提醒我们,不要害怕吃亏。郑板桥的"吃亏是福"的拓片为很多人所珍爱,然而真正领悟其中真谛的,恐怕为数不多。实际上,许多人在交往中都是唯恐自己吃亏,甚至总期待占到一点便宜。然而,"吃亏是福"确实有它的心理学依据。"吃亏"是一种明智的、积极的交往方式,在这种交往方式中,由"吃亏"所带来的"福",其价值远远超过了所吃的亏。这里面有以下两个原因。

一方面,与别人交往中的吃亏会使自己觉得自己很大度、豪爽、有自我牺牲的精神、重感情、乐于助人等,从而提高了自己的精神境界。同时,这种强化也有利于增加自信和自我接受。这些心理上的收获,不付出是得不到的。

另一方面，天下没有白吃的亏，在朋友交往中也遵循着相类似的原则。我们所给予对方的，会形成一种社会存储，而不会消失，一切终将以某种我们常常意想不到的方式回报给我们。而且，这种吃亏还会赢得朋友的尊重，反过来将增加我们的自尊与自信。

姚崇是唐玄宗时期有名的宰相。在姚崇的朋友之中，有一位叫张宗全的秀才便是深谙做人、为友之道的高手，并因此受益。

姚崇年轻的时候和张宗全一起求学。

一次，老师要姚崇与张宗全就某个题目做一篇文章，两天之后交卷。他们都下去精心做了准备，将自认为写得最好的一篇交了上来。事有凑巧，姚崇与张宗全所写的内容几乎完全一样，且观点也相当一致。这如何不使老师为之恼火？没想到自己门下最得意的两个门生敢剽窃他人作品，这如何了得？

看到这种情况，姚崇据理力争，声明文章绝非剽窃。张宗全的作品也非剽窃他人，但为了平息老师的怒火，就对老师说："前两天与姚崇兄论及此题，姚兄高谈阔论，学生深感佩服遂引以为论。"

老师听到这番话，也知错怪了两位学生，就平息了心中怒火。事后姚崇心里为此深感佩服，为张宗全的广阔胸襟所感动。姚崇当宰相后，遂向唐玄宗推荐此人，唐玄宗在亲自考核张宗全的才华之后，便封了他一个正三品官衔。

由此可见，在一些无关紧要的场合中，自己吃些小亏，做些让步，看似糊涂，其实聪明。张宗全送个人情给对方，使姚崇一辈子都记住这个人情，最后张宗全反而获得了荣华富贵。

很显然，吃亏将带给我们的是一个美好的人际交往世界。而那些喜欢占便宜的人，每占了别人一分便宜，就丧失了一分人格的尊严，就少了一分自信，长此以往，必将在人际交往中找不到立足之地。

不怕吃亏的同时，我们还应该注意，不要过多地付出。过多地付出，

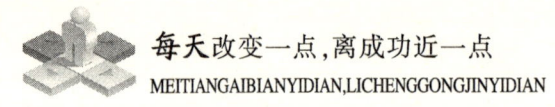

对于对方来说是一笔无法偿还的债,会给对方带来巨大的心理压力,使人觉得很累,导致心理天平的失衡。这同样会损害已经形成的人际关系。这种例子屡见不鲜,我们常常会听人抱怨:"我对他那么好,付出了那么多,为什么他反倒开始不喜欢我了?"殊不知,正是自己付出太多,才损害了两个人的关系。

8. 朋友之间要保持适度的距离

　　人类社会中人与人之间的交往是因为社会发展的需要，更是由于人本身的孤独和内心的寂寞。但是人们在不断深入的交往和了解过程中时常感到苦恼。性格的差异使人很难相处，大多数朋友都是因为了解对方的本质、无法接受对方的缺点而分道扬镳的。

　　友情对于人们来说是难能可贵的，但我们千万不要因为爱我们的朋友就让他产生依赖，更不要对朋友有任何的苛求，我们可以真诚地对待我们的朋友，但不要苛求朋友以同样的方式来回报。更不能以自我为中心，在生活中有困难时总是依赖朋友向我们提供帮助。这样做只会给别人造成压力，使别人沉浸在永无休止的烦恼中。一个总是考虑自己而不顾及别人感觉的人算不上真正的朋友。

　　其实，不只是朋友之间，亲人之间也是这样的。不要因为对亲人的过于苛求而让他们感到痛苦。下面这则故事也许让朋友们有所体会。

　　伊丽莎白是一个富裕家庭的独生女，从她出生起，她的母亲就一心要把她塑造成一个完美的人，而且想彻底证明自己是个"好母亲"。

　　虽然她家距邮局和店铺只有一条街，但是伊丽莎白的母亲从来都不让她自己去，而且她与许多同龄伙伴的活动基本上绝缘，甚至在她读高中时也是这样。尽管学校的校车每天早晨都要经过她们家，可是她母亲一定要亲自开车送她。伊丽莎白坠入了情网并希望结婚时，这位母亲又出面阻拦，要他们尽快分手，条件是：伊丽莎白可以得到一次欧洲豪华旅行。

当你认为自己被世界遗忘的时候，
　　有人最先想起你

每当人们问这位母亲每天都做什么时,她总是大谈伊丽莎白最近的奇遇,以及她担心有一天这个"最亲密的伙伴"会结婚,留下她孤零零一个人。她总是在提醒伊丽莎白,自己付出了多年的心血只是希望她有所成就,出人头地;到她老时,伊丽莎白应该报答她,如果伊丽莎白离开她是不公平的。这位母亲如此这般,给她女儿带来的只有深深的痛苦而不是幸福。

很显然,她们这种依赖关系仅仅符合母亲的需要而不是女儿的需要。儿女并不是父母的私有财产,他们有自己独立的人格和自己的生活需要。

生活中我们必须学会在与人的交往和自己的孤独之间保持平衡度。因为朋友之间如果过多地了解对方的缺点,便难免会不再欣赏和尊重对方。

有人也曾把人比作寒冷冬天里相互挤在一起试图想要得到一些温暖的豪猪。离得太近身上的刺就会刺到对方,这样也会很痛苦。于是它们不断地改变距离,反复尝试许多次后终于找到了最佳的距离,那便是在最轻的疼痛下取得最大限度的温暖。

这个比喻实在恰到好处,对待朋友也应该如此,不要因为太亲近而让彼此永远地疏远,保持距离是维持友情最重要的秘诀。

9. 向优秀的朋友看齐

好人的一生是培养美德的活生生的教材,同时也是对邪恶的最义正词严的驳斥。优秀的品格通过优秀的人的影响四处扩散。因此,与优秀的人交往总会让自己也变得优秀。

一个人是否有高尚的道德,可以通过这个人以及和他交往的朋友来判断。一个光明磊落的人不会与一个偷鸡摸狗的人交往;一个洁身自好的人不会与一个荒淫放荡的人做朋友;一个举止优雅、谈吐得体的人也不会和一个粗俗野蛮的人在一起。

与优秀的人交往,我们就会从中汲取别人的精华,使自己得到长足的发展。如果我们与一个堕落的人为伍,有可能会受其影响走向堕落。即使当时不会造成影响,但在心灵上也会撒下邪恶的种子。而这种子必定会在将来的某一天萌发。因此,我们如果能够小心谨慎地在社会中找到那些自己学习的榜样,并在生活中努力模仿他们,就会使自己受到良好的影响和明智的指导。

一个人的品格会影响生活的方方面面;一个具有优秀品格的人会给自己的朋友们定下生活的格调并提高同伴们生活的激情。而一个品德败坏的人则有可能会败坏同伴的品格。下面是印度传教士亨利·马丁在杜鲁初级中学上学时所发生的故事。

当时的马丁体质十分虚弱,而且有轻微的神经质,由于缺乏活力,他对学校的一切活动似乎都失去了兴趣,再加上性情急躁,一些年龄大的学生总是故意激怒他，并以此取乐，还有一些学生甚至欺侮他。

然而，有一个大一点的孩子，却和马丁有着浓厚的友谊，他总是把马丁置于他的保护之下。他总是站在马丁和欺侮弱小者的人中间。他不仅使马丁免遭欺侮，而且帮助他学习功课。虽然马丁是一个相当愚笨的学生，但他父亲还是决定让他接受大学教育。在他15岁那年，他父亲以为他能得到一份奖学金而想把他送进牛津大学，但他未能如愿以偿。他在杜鲁初级中学继续待了两年，而后他去了剑桥，在剑桥的圣约翰学院注了册。在那里，他又遇到了在杜鲁初级中学的那位伙伴。他们的友谊进一步加深，从此以后，这位稍长的学生成了马丁的指导老师。此时，马丁已能够应付自己的学业，但是仍然容易激动，脾气暴躁，偶尔会发泄自己难以抑制的愤怒。相反，他这位年纪稍大的朋友却情绪稳定、富有耐心、勤奋刻苦。而且，他时时刻刻照顾、指导和劝勉自己这位易怒的同学。他不允许马丁结交邪恶的朋友，劝他认真学习，"这不是要得到别人的称赞，而是为了上帝的荣耀。"这位朋友的帮助使马丁在学习上进步很快，在第二年圣诞节的考试中他名列年级第一。然而，马丁的这位友善的朋友和指导者自己并没有取得什么辉煌的成绩，他被世人淡忘了。虽然不为人所知，但他很可能过着一种有益的生活。他生活中崇高的理想曾经帮助朋友形成良好的品格、激发他追求真理的精神，为他日后崇高的事业打下了基础。不久，马丁便成了一位印度传教士。

请记住：我们会受益于我们周围正直的人的思想、举止和个性的影响；同时，我们的伙伴也会在消极的方面影响我们。无论小孩还是大人，如果跟一些吸烟的人在一起就比跟不吸烟的人在一起更容易染上吸烟的习惯，这对于饮酒、偷盗、说谎等一系列的恶习是一样的。幸运的是，我们有权利和能力选择与谁在一起。

Part 7

接纳不完美的世界，
世界不像你想象的完美

【13步教你做情绪的主人】

1.别抱怨命运不公

　　一个自以为很有才华的人，一直得不到重用，为此，他愁肠百结，异常苦闷。有一天，他去质问上帝："命运为什么对我如此不公？"上帝听了沉默不语，只是捡起了一颗不起眼的小石子，并把它扔到乱石堆中。上帝说："你去找回我刚才扔掉的那个石子。"结果，这个人翻遍了乱石堆，却无功而返。这时候，上帝又取下了自己手上的那枚戒指，然后以同样的方式扔到了乱石堆中。结果，这一次，他很快便找到了那枚戒指——那枚金光闪闪的金戒指。上帝虽然没有再说什么，但是他却一下子便醒悟了：当自己还只不过是一颗石子，而不是一块金光闪闪的金子时，就永远不要抱怨命运对自己不公平，只要自己努力把自己变成金子就可以了。

　　当一个人凡事都怪运气不好的时候，他就很难跳出那个框框了。总之，最重要的是不要随随便便地就把一切的责任往命运身上推。宿命论者，大多非常灰暗、悲观。他们越是这样，幸运女神就越不会去眷顾他们，他们就更相信是运气不好，而造成一种恶性循环。这种人事情做得好不好基本上并不是问题，成为问题的是他们老是把一切推到命运上这件事。

　　能够开朗工作的人，大多不会是宿命论者。凡事我们都要往好的方面想。

　　如此一来，才有可能不断地给我们带来好运，我们也就快乐起来了。

　　法拉第是一个穷孩子，住在伦敦的一个破旧不堪的马棚里，他每天

接纳不完美的世界，
世界不像你想象的完美

都要背着一大捆报纸到街上去卖，每份报纸一便士，他就靠这点钱来维持自己的生活。他还在装订商和图书出版商那里当过7年的学徒。

有一次，他在装订《大不列颠百科全书》的时候，无意间看到了一篇介绍电的文章，这篇文章就像磁铁一样吸引了他，直到一口气把这篇文章读完为止。他完全被电吸引住了，他找来一个玻璃瓶、一个旧的平底锅，再加上几件很简单的工具，就开始做有关电的实验了。

有一位顾客被这个小男孩的好奇心感动了，他把法拉第带去听著名化学家弗莱·戴维的讲座。法拉第听了戴维的讲座，斗胆给他写了一封信，并且把自己听讲座的笔记送给戴维审阅。

就在此后的一个晚上，正当法拉第准备上床睡觉的时候，戴维的马车停在了他那很简陋的住所门口，一个仆人走下马车，递给法拉第一封戴维的亲笔信，信中邀请法拉第到他那里去。法拉第读着这封神圣的信，简直无法相信自己的眼睛。

第二天早晨，法拉第去拜访戴维先生。这位科学家请法拉第给他做一些清洗实验仪器和搬运设备的工作。这对法拉第来说是求之不得的。在做一些有危险性的试验时，戴维总是戴着一副玻璃做的安全面具，而法拉第一点也不怕这些东西，总是全神贯注地看着戴维的一举一动，戴维看到那双充满求知欲的眼睛，心里也感到很激动。

经过一段时间的观察和学习，法拉第开始做起实验来了。很快，凭着他的勤奋和悟性，他的成果不断地涌现出来，许多一流的科学家都纷纷邀请这位当初没有任何"机会"的穷孩子给他们作报告。这个自强不息的孩子，因为对知识的渴望，终于站在巨人的肩膀上，攀登上了科学的高峰。

由于他的卓越成就，法拉第被任命为伍尔韦奇皇家学院的教授。

所谓好运者，是辛苦付出和积极拼搏的结果。抱怨命运不公或者感叹自己命不好的人，可能是一个懒惰、懦弱、不肯努力付出的人。时间改变不了一切，付出却能改变命运。

2. 摘下自己的有色眼镜

在生活中，大多数人都戴着一副有色眼镜。在看别人时，总看见不好的一面，总指责别人身上的缺点；而看自己时却总是看到优点。有时人们看到他人身上的缺点时，并不一定就是那个人所有的。也就是说，人们往往带着一种偏见看待别人。所谓偏见，指的是人们对某事持有的观点或信念，而这种观点和信念其实并不符合客观事实或与逻辑推论相违背。它带有很强烈的个人色彩。所以说，如果一个人在头脑中对他人已经有了一些不切实际的观念，那这种观念就会被强加到他人身上，一时是很难改变的，但这种偏见在他看来，却是极其客观的。

有一个教体育的老师，他爱上了一个姑娘，那个姑娘对他印象也不错，可是姑娘的父母却反对他们的来往。因为他们认为搞体育的人一般都是四肢发达，头脑简单，并且做事鲁莽。结果在父母强烈的逼迫下，两人不得不分手。

可见，一个人的偏见是非常强的，以至于很难用事实去反驳他。这种人往往忍受不了从多个角度来看待事物，他们坚持的是非此即彼。

尽管偏见是一种普遍存在的现象，但它却是人们互相交流的一个重大障碍。在它的影响下，原本会成为好朋友的两个人却可能反目成仇。如果一个人想要与他人有一个和睦友善的互动关系，就需要放弃这种偏见，放弃那种先入为主的不良观念。要放弃偏见，就需要承认别人的优点，需要从实际的生活中学会观察，从多个角度去考量一个人或一件事。

冷静自己的头脑，倾听别人的言论，客观地分析，才能摘下偏见的眼镜。

在一所小学里，有一个班长欺负了班上一个同学。这个同学把这件事告诉了老师，老师一听就说："你说其他人欺负你我还相信，说他欺负你这不可能。"

偏见对于普通人还可以理解，但如果连有一定知识修养的老师都有这样的问题，可见刻板的印象影响是很大的。所以，在对他人有一个全面的了解之前，不要随意地让自己设想的情景固定你的头脑。

除了偏见能引起一个人对他人的误解，爱批评的心态同样左右着很多人的大脑。有的人认为批评了别人就是抬高了自己的地位，就能显示自己的派头。其实则不然，表面上批评他人好像是占了便宜，但实际上却显出了批评者是一个没有风度的人，显出他是一个患得患失的人，根本就没有达到一种豁达的境界。得失对其来讲，是非常重要的。

当一个人学会放弃偏见，放弃对别人的批评，那他就在修养上达到了一定的境界，就有了一种开阔的眼界，就能敞开胸襟接纳所有的事物，就能让自己活得比别人更有滋味，就能让人觉得他是一个可以亲近的人。但凡有大作为的人，都必须通过这一关，都应该放下心中抱怨别人的包袱，即他不应去一味地关注他人的失败，而不顾自己的发展。

3. 宽容的人才快乐

人生是一个多彩的舞台，它不断上演着形形色色的人情冷暖、世态炎凉，这时，不要忘记可化干戈为玉帛的"宽容"。宽容，是胸襟博大者为人处世的一种人生态度，蔺相如的宽容换来了流芳百世的将相之和。雨果也说："世界上最宽阔的是海洋，比海洋更广阔的是天空，比天空更宽阔的是人的心灵。"

谁知道珍珠是怎样炼成的？

当沙子进入蚌的壳内时，蚌便会觉得非常不舒服，但是又无力把沙子吐出去，这时蚌就会面临两个选择，一是抱怨，让自己的日子很不好过，另一个是想办法把这粒沙子同化，使它跟自己和平共处。于是，蚌开始把它的精力和营养分一部分去把沙子包起来。

当沙子裹上蚌的外衣时，蚌就会觉得它是自己的一部分，不再是异物了。沙子裹上的蚌成分越多，蚌就会越把它当作自己，就越能心平气和地和沙子相处。

其实，蚌是没有大脑的，它是无脊椎动物，在演化的层次上很低，然而就是这样一个没有大脑的低等动物，却知道要想办法去适应一个自己无法改变的环境，把一个令自己不愉快的异己，转变为自己的一部分，相比之下人有时真的应该感到汗颜。

正如沙子进入蚌的体内一样，人生总有不如意的事，如何包容它，把它同化，纳入自己的体系，使自己日子可以平静、幸福地过下去，恐

接纳不完美的世界，
世界不像你想象的完美

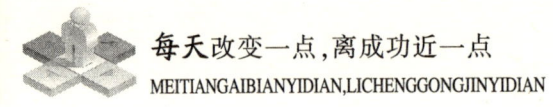

怕是我们最需要学的一件事。

　　仔细想来，我们凭什么一有挫折便怨天尤人，跟自己过不去呢？打牌时，拿到什么牌不重要，如何把手中的牌打好才是最重要的。凡事固然要讲求操之在己，但是在没有主控权的事情上，是否也应该学习蚌，使自己的日子好过一些呢？

　　懂得宽容，才不会自私、虚伪、嫉妒，才会用宏大的气魄去感受相逢一笑泯恩仇的快乐。智者总会用宽容这把慧剑斩断冤冤相报的恶性循环。没有宽容的世界，永远也不会有幸福安康的地方，只有令人失望的地方。

4. 拥有豁达的胸怀

人有一分器量，便有一分气质；人有一分气质，便多一分人缘；人有一分人缘，必多一分事业。虽说器量是天生的，但也可以在后天学习、培养。阅读历史，多少名人圣贤，我们有时不赞其功业，而赞其器量？所以器量对人生的功名事业，至关重要！有器量的人在为人处世上的表现就是豁达大度。

德国的大文学家歌德有一次在魏玛一个公园的小路上散步。那条小路很窄，偏偏遇上了一个对他心存敌意的评论家。他们都停下来看着对方。评论家开口了："我从来不会给一个傻瓜让路。"

"我与您恰恰相反，您请。"说完，歌德退到一旁。

豁达的人，常常是乐观的人。而所谓乐观，按照某位哲人的说法，就是乐观的人与悲观的人相比，仅仅是因为后者选择了悲观。

豁达的人在遇到困境时，除了会本能地承认事实，摆脱自我纠缠之外，他还有一种趋"乐"避害的思维习惯。这种趋"乐"避害，不是为了功利，而是为了保持情绪与心境的明亮与稳定。这也恰似哲人所言："所谓幸福的人，是只记得自己一生中满足之处的人；而所谓不幸的人，是只记得与此相反的内容的人。"每个人的满足与不满足，并没有太多的区别差异，幸福与不幸福相差的程度，却会相当巨大。

观察分析一个心胸豁达的人，你往往会发现，他的思维习惯中有一种自嘲的倾向。这种倾向，有时会显于外表，表现为以幽默的方式摆脱

接纳不完美的世界，
世界不像你想象的完美

困境。自嘲是一种重要的思维方式。每个人都有许多无法避免的缺陷，这是一种必然。不够豁达的人，往往拒绝承认这种必然。为了满足这种心理，他们总是紧张地抵御着任何会使这些缺陷暴露出来的外来冲击。久而久之，心理便变得脆弱了。一个拥有自嘲能力的人，却可以免于此患。他能主动察觉自己的弱点，觉得没有必要去尽力掩饰。从根本上来说，一个尴尬的局面之所以形成，只是因为它使我们感到尴尬。要摆脱尴尬，走出困境，正面的回避需要极大的努力，但自嘲却为豁达者提供了一条逃遁出去的轻而易举的途径——那些包围我的，本来就不是我的敌人，于是，尴尬或困境，就在概念上被消除了。

豁达也有程度的区别，有些人对容忍范围之内的事，会很豁达，但一旦超出某种限度，他就会突然改变，表现出完全相异的两种反应方式。最豁达的人，则具有一种游戏精神，将容忍限度扩大。

有这样一个故事：

一个身经百战、出生入死，从未有畏惧之心的老将军，解甲归田后，以收藏古董为乐。一天，他在把玩最心爱的一件古瓶时，不小心差点脱手，吓出一身冷汗，他突然若有所悟："为什么当年我出生入死，从无畏惧，现在怎么会吓出一身冷汗？"片刻后，他悟通了——因为我迷恋它，才会有患得患失之心，破了这种迷恋，就没有东西能伤害我了，遂将古瓶掷碎于地。

豁达者的游戏精神，即是如此。既然他把一切视为一种游戏，尽管他同样会满怀热情，尽心尽力地去投入，但他真正欣赏的，只是做这件事的过程，而不是目的——游戏的乐趣在于过程之中。那么，他也就解除了得失之心的困扰。

美国总统林肯在组织内阁时，所选任的阁员各有不同的个性：有勇于任事、屡建功勋的军人史坦顿，有严厉的西华德，有冷静善思的蔡斯，有坚定不移的卡梅隆，但林肯却能使各个性格绝对不同的阁员互相合作。

正因为林肯有宽宏的度量，能舍己从人，乐于与人为善。尤其是史坦顿，那种倔强的态度，如在常人，几乎不能容忍，唯有林肯过人的心胸，使得他驾驭阁员指挥自如，使每个阁员都能为国效忠。

成功的上司总是豁达大度，决不会因下属的礼貌不周或偶有冒犯而滥用权威。所以作为上司，应该有宽恕下属的大度，这样才更能赢得下属的拥戴。

有一次，柏林空军军官俱乐部举行盛宴招待有名的空战英雄乌戴特将军，一名年轻士兵被派替将军斟酒。由于过于紧张，士兵竟将酒淋到将军那光秃秃的头上去了。周围的人顿时都怔住了，那闯祸的士兵则僵直地立正，准备接受将军的责罚。但是，将军没有拍案大怒，他用餐巾抹了抹头，不仅宽恕了士兵，还幽默地说："老弟，你以为这种疗法有效吗？"这样，全场人的紧张气氛都被一扫而光。

据说一位店主的年轻帮工总是迟到，并且每次都以手表出了毛病作为理由。于是那位店主对他说："恐怕你得换一块手表了，否则我将换一位帮工。"这话软中带硬，既保住了对方的面子，又严厉地指出了对方的过失，这样比较易于让对方接受。

作为一个领导者，必须有大度的心胸。在我们的下属中，可能有各种各样性格的人，各人的处世方式、工作能力都不相同，这就需要我们有宽宏的心胸。

5. 学会宽容，忘记仇恨

古希腊神话中有一位大英雄叫海格里斯。一天他走在坎坷不平的山路上，发现脚边有个袋子似的东西很碍脚，海格里斯踩了那东西一脚，谁知那袋子不但没有被踩破，反而膨胀起来，加倍地扩大着。海格里斯恼羞成怒，操起一条碗口粗的木棒砸它，那东西竟然长大到把路堵死了。

正在这时，山中走出一位圣人，对海格里斯说："朋友，快别动它，忘了它，离它远去吧！它叫仇恨袋，你不犯它，它便小如当初，你侵犯它，它就会膨胀起来，挡住你的路，与你敌对到底！"

我们生活在茫茫人世间，难免与别人产生误会、摩擦。如果不注意，在我们轻易仇恨之时，仇恨袋便会悄悄成长，最终会导致堵塞了通往成功之路。

如果所有美德可以自选，我们就先把宽容挑出来吧。也许平和与安静会很昂贵，不过拥有宽容，我们就可以奢侈地消费它们。宽容能松弛别人，也能抚慰自己，它会让我们把爱放在首位，万不得已才动用恨的武器；宽容会使我们随和，把一些人很看重的事情看得很轻；宽容还会使你不至于失眠，再大的不快，再激烈的冲突，都不会在宽容的心灵里过夜。于是，每个清晨，我们都会在希望中醒来。一旦我们拥有宽容的美德，我们将一生收获笑容，收获别人的爱。

一个真正有爱心的人，懂得用一颗宽容的心去对待周围的人和事。宽容不但是做人的美德，也是一种明智的处世原则，是人与人交往的

"润滑剂"，是一种表达爱的特殊方式。常有一些所谓的厄运，只是因为对他人一时的狭隘和刻薄，而在自己的前进路上自设的一块绊脚石罢了；而一些所谓的幸运，也是因为无意中对他人一时的恩惠和帮助，拓宽了自己的道路。

我们生活在一个越来越功利的环境里，但倘若太吝惜自己的私利而不肯为别人让一步路，这样的人最终会无路可走；倘若一味地逞强好胜而不肯接受别人的一丝见解，这样的人最终会陷入世俗的河流中而无以向前；倘若一再地求全责备而不肯宽容别人的一点瑕疵，这样的人最终宛如凌空在高高的山顶，会因缺氧而窒息。

曾有人把人比喻为"会思想的芦苇"，因为弱小易变，因而情绪的波动，随时都在改变对事物的正确了解。人非圣贤，就是圣贤也有一失之时，我们何以不能宽容自己和别人的失误？宽容并不意味着对恶人横行的迁就和退让，也并非对自私自利的鼓励和纵容。谁都可能遇到情势所迫的无奈，无可避免的失误，考虑欠妥的差错。所谓宽容就是以善意去宽待有着各种缺点的人们。人类因其宽广而容纳了狭隘，因其宽广显得大度而感人。犹如水一样，我们应以自己的无形包容一切的有形。

6. 宽容对人对己都有益

就像前文讲过的，世界上最宽阔的是海洋，比海洋更宽阔的是天空，比天空更宽阔的是人的胸怀。心胸宽阔的人往往能够得道多助，终成伟业。

拿破仑在长期的军旅生涯中养成宽容他人的美德。作为全军统帅，批评士兵的事经常发生，但每次他都不是盛气凌人，而是能很好地照顾士兵的情绪。士兵们往往对他的批评欣然接受，而且充满了对他的热爱与感激之情，这大大增强了他的军队的战斗力和凝聚力，成为欧洲大陆一支劲旅。

在征服意大利的一次战斗中，士兵们都很辛苦。拿破仑夜间巡岗查哨。在巡岗过程中，他发现一名巡岗士兵倚着大树睡着了。他没有喊醒士兵，而是拿起枪替他站起了岗，大约过了半个小时，哨兵从沉睡中醒来，他认出了自己的最高统帅，十分惶恐。

拿破仑却不恼怒，他和蔼地对他说："朋友，这是你的枪，你们艰苦作战，又走了那么长的路，你打瞌睡是可以谅解和宽容的，但是目前，一时的疏忽就可能断送全军。我正好不困，就替你站了一会儿，下次一定小心。"

拿破仑没有破口大骂，没有大声训斥士兵，没有摆出元帅的架子，而是语重心长、和风细雨地批评士兵的错误。有这样大度的元帅，士兵怎能不英勇作战呢？如果拿破仑不宽容士兵，那后果只能是增加士兵的反抗意识，丧失了他本人在士兵中的威信，削弱了军队的战斗力。

只要理解了宽容的意义，我们会收获很多东西。

首先，宽容意味着不再心存疑虑。

穿梭于茫茫人海中，面对一个小小的过失，常常从一个淡淡的微笑、一句轻轻的歉语，带来包涵谅解，这是宽容；在人的一生中，常常因一件小事、一句不注意的话，被人不理解或不信任，但不苛求任何人，以律人之心律己，以恕己之心恕人，这也是宽容。

在日常生活中，当没有缘分的"对手"，出于内心的丑恶，在我们背后说坏话做错事时，此时我们想伺机报复还是宽容？当我们亲密无间的朋友，无意或有意做了令我们伤心的事情，此时我们想从此分手还是宽容？冷静地想一想，还是宽容为上。这样于人于己都有好处。

有人说宽容是软弱的象征，其实不然，有软弱之嫌的宽容根本称不上真正的宽容。宽容是人生难得的佳境——是一种需要操练、需要修行才能达到的境界。

心理学家指出：适度的宽容，对于改善人际关系和身心健康都是有益的。这种宽容，指的是对于子女或别人在生活、工作、学习中的过失、过错采取"适当"的"羞辱政策"，有效地防止事态扩大而加剧矛盾，避免产生严重后果。大量事实证明，不会宽容别人，亦会殃及自身。过于苛求别人或苛求自己的人，必定处于紧张的心理状态之中。由于内心的矛盾冲突或情绪危机难于化解，极易导致肌体内分泌功能失调，诸如儿茶酚胺类物质——肾上腺素、去甲肾上腺素过量分泌，引起体内一系列劣性生理化学改变，造成血压升高、心跳加快、消化液分泌减少、胃肠功能紊乱等，并可伴有头昏脑涨、失眠多梦、乏力倦怠、食欲不振、心烦意乱等症候。紧张心理的刺激会影响内分泌功能，而内分泌功能的改变又会反过来增加人的紧张心理，形成恶性循环，损害身心健康。有的过激者甚至失去理智而酿成祸端，造成严重后果。而一旦宽恕别人之后，心理上便会经过一次巨大的转变和净化过程，使人际关系出现新的转机，

接纳不完美的世界，
世界不像你想象的完美

诸多忧愁烦闷可得以避免或消除。

其次，宽容意味着不拿别人的错误惩罚自己。

气愤和悲伤是追随心胸狭窄者的影子。生气的根源不外是异己的力量——人或事侵犯、伤害了自己（利益或自尊心等），一言以蔽之，认定别人做错了，于是勃然作色，恶从胆边生；咬牙切齿，怒从心头起。凡此种种生理反应无非在惩罚自己。显然不值。

宽容地对待我们的敌人、仇家、对手，在非原则的问题上，以大局为重，我们会得到退一步海阔天空的喜悦、化干戈为玉帛的喜悦、人与人之间相互理解的喜悦。要知道我们并非踽踽独行，在这个世界里，我们各自走着自己的生命之路，纷纷攘攘，难免有碰撞，所以即使心地最和善的人也难免要伤别人的心，如果冤冤相报，非但抚平不了心中的创伤，反而只能将伤害者捆绑在无休止的争吵中。

宽容是一种博大，它能包容人世间的喜怒哀乐；宽容是一种境界，它能使人跃上大方磊落的台阶。只有宽容，才能"愈合"不愉快的创伤；只有宽容，才能消除人为的紧张。

再次，宽容意味着不再患得患失。

宽容，首先包括对自己的宽容。只有对自己宽容的人，才有可能对别人也宽容。人的烦恼一半源于自己，即所谓画地为牢，作茧自缚。

芸芸众生，各有所长，各有所短。争强好胜失去一定限度，往往受身外之物所累，失去做人的乐趣。只有承认自己某些方面不行，才能扬长避短，才能不让嫉妒之火吞灭心中的灵光。

宽容地对待自己，就是心平气和地工作、生活。这种心境是充实自己的良好状态。充实自己很重要，只有有准备的人，才能在机遇到来之时不留下失之交臂的遗憾。知雄守雌，淡泊人生是耐住寂寞的良方。轰轰烈烈固然是进取的写照，但成大器者，绝非热衷于功名利禄之辈。

如果一语龃龉，便遭打击；一事唐突，便种下祸根；一个坏印象，便一辈子倒霉,这就说不上宽容,就会被百姓称为小肚鸡肠。真正的宽容,应该是能容人之短,又能容人之长。对才能超过自己者,也不嫉妒,唯求青出于蓝而胜于蓝,热心举贤,甘做人梯,这种精神将为世人称道。

宽容的过程也是"互补"的过程。别人有此过失,若能予以正视,并以适当的方法给予批评和帮助,便可避免大错。自己有了过失,亦不必灰心丧气,一蹶不振,同样也应该宽容和接纳自己,并努力从中吸取教训,引以为戒,取人之长,补己之短,重新扬起工作和生活的风帆。

最后,宽容意味着我们有良好的心理外壳。

宽容,对人对己都可成为一种无需投资便能获得的"精神补品"。学会宽容不仅有益于身心健康,且对赢得友谊、保持家庭和睦、婚姻美满,乃至事业的成功都是必要的。因此,在日常生活中,无论对子女、对配偶、对老人、对学生、对领导、对同事、对顾客、对病人……都要有一颗宽容的爱心。宽容,往往折射出为人处世的经验,待人的艺术,良好的涵养。学会宽容,需要自己吸收多方面的"营养",需要自己时常把视线集中在完善自身的精神结构和心理素质上。否则,一个缺乏现代文明阳光照射的贫儿,会被人们嗤之以鼻,不屑一顾。

当然,宽容绝不是无原则的宽大无边,而是建立在自信、助人和有益于社会基础上的适度宽大,必须遵循法制和道德规范。对于绝大多数可以教育好的人,宜采取宽恕和约束相结合的方法;而对那些蛮横无理和屡教不改的人,则不应手软。从这一意义上说"大事讲原则,小事讲风格",乃是应取的态度。

7. 学会忍耐，得成于忍

东汉王朝的开国皇帝刘秀是个十分能忍耐的人。起初他只是起义军中的一个将军。他有个哥哥也在起义军中当将军。然而起义军中的将领害怕他们兄弟力量太大，于是设计将他的哥哥给杀掉了。刘秀十分难过，但是他并没有马上和起义军的头领公开决裂。相反，他忍受了这种屈辱，同时还跟起义军头领讲和，起义军头领因此而对他疏忽防范。刘秀发展壮大后，才报了杀兄之仇。

当明成祖还是燕王的时候也是个能忍耐的人。当时建文帝意识到他可能谋反，于是便削夺他的实力。燕王这个时候还没有准备好，于是装作发疯的样子，麻痹建文帝派来监视的使者。建文帝看到这种情况，放宽了心。燕王准备充分后，就立即起兵造了反。

其实古时候成大事的人，很少有不能忍耐的。也有些人觉得士可杀不可辱，而毅然选择了自杀的道路，但是这种选择确实让人不敢恭维，因为留着自己的生命，日后不知道能做多大的事情。如果当年孙膑忍受不了庞涓的羞辱，他最后也不可能报大仇，当然也不可能有举世闻名的《孙膑兵法》流传于世；如果司马迁忍受不了宫刑的羞辱，那么《史记》又从哪里来？如果司马懿忍受不了曹爽的行为，那么也就没有后来的晋朝。还有韩信忍受的胯下之辱，范雎忍受的屈辱等。真正成大事的人，不一定是旷世奇才，但一定有惊人的毅力，而这种毅力往往是在忍耐中表现出来的。

关羽和张飞都是不能忍耐的人，最后他们都没有得到善终。而五代十国的冯道十分能忍耐，后来他被追封为王。

人要学会忍耐，因为很多东西是需要时间的。如果别人对自己有误会，也可以通过时间来证明。时间是最好的试金石，生活中的很多无奈完全可以交付给时间来检验。因此，自己没有必要将这些包袱时时压在心头。

当然，忍耐和坚持并不意味着要一味地谦让，一味地谦让往往是懦弱的表现。要懂得去追求和拥有自己想得到的东西，得到了以后就要倍加珍惜。

忍耐和坚持是人生负重前行的两大精神动力。

8. 控制你的愤怒

喧嚣的都市，快节奏的生活，做任何事情都像在赛跑。生活在这样的环境中，人难免会发生情绪波动，难免会急躁，如果再碰上点不顺心的事，发点脾气在所难免。喜怒哀乐，乃人之常情，无可非议，但如果不能很好地加以控制，听之任之，则会成为人生成功的一大障碍。乐极则会生悲，而盛怒之下更容易做傻事、蠢事，事后又满世界求购后悔药。

生活之中，我们感受周围的事物，形成我们的观念，作出我们的判断，无一不是靠我们的心灵来进行。然而，不好的情绪常常干扰我们的心灵，使我们出现种种偏差。因此，成功的人能成功地驾驭情绪，而失败的人常让情绪驾驭。愤怒时，不能控制怒火，使周围的合作者望而却步；消沉时，放纵自己的萎靡，把许多稍纵即逝的机会白白浪费。

"气大伤身"，这真是句千古不变的真理。无论什么原因产生的愤怒，都会影响人的身体健康。现代医学认为，人发怒时，可导致消化系统的生理功能发生紊乱，体内的肾上腺激素含量显著增高，会导致心跳加快，冠状动脉痉挛，心肌缺血，心绞痛，心律失常等。总之，情绪失控有百害而无一利，发怒是拿别人的错误来惩罚自己。

我不由得想起一位既能制己之怒，又能激他人之怒，以怒杀之的"情"场高手，那就是《三国演义》中的诸葛亮。

在魏主曹睿封76岁的王朗为军师来战蜀兵的一段情节中，本想

"只用一席话，管教诸葛亮拱手而降，蜀兵不战而退"的王朗，结果却被诸葛亮轻摇三寸之舌，给活活气死。诸葛亮三气周瑜，周瑜在恼恨暴怒之下，疾呼"既生亮，何生瑜"，最后口吐鲜血而亡的故事更是人人皆知。而"空城计"一节中，诸葛亮面对马谡街亭失守，蜀汉军连遭重挫，司马懿引十几万大军兵临城下的危急局面，竟然能够不急不躁，从容应对，仅一句"大势去矣"而已，然后引小童两人，携琴一张，于城上楼前凭栏而坐，焚香操琴，笑容可掬。虽为空城，琴声却丝毫不虚，使得司马将军以为城中有伏兵，诸葛军师胜券在握，不得不引兵急速退去，实在是高。

　　发怒固然有损健康，但怒而不宣同样对健康无益。怒气如果不能及时得到排解，会对身体造成极大伤害。正确的态度是疏泄怒气，采用恰当的方法释放心中的怒气。当然，最好的方法还是制止怒气的产生。修身养性，学会宽容是制怒的最好方法。遇到不随意的事，沉着冷静，头脑清醒，保持理智，不感情用事，用平和的心态去面对突然的险境，才能使自己走出人生的低潮。

9. 用温和的语气与人说话

有句老话说："不能生气的人是笨蛋，而不去生气的人才是聪明人。"试着用温和的回答来代替愤怒吧。

罗纳先生因为"二战"爆发逃到瑞典，一文不名，很需要找份工作。由于他能说并能写好几国的语言文字，希望能够在一家进出口公司里找一份秘书工作。

可是，绝大多数的公司都回信告诉他，因为正在打仗，他们不需要这一类的人。但是一家公司在写给罗纳的信上说："你对我生意的了解完全错误。你既容易出错又笨手笨脚，我根本不需要任何替我写信的秘书。即使我需要，也不会请你，因为你连瑞典文也写不好，信里全是错字。"

当罗纳看到这封信的时候，简直气得发疯，于是，罗纳也写了一封措辞激烈的信回敬该公司。但接着他就停下来对自己说："等一等，我修过瑞典文，可是这并不是我的母语，也许我确实犯了很多我并不知道的错误。如果是那样的话，那么我想要得到一份工作，就必须再努力地学习。这个人可能帮了我一个大忙，虽然他本意并非如此。他用这种难听的话来表达他的意见，并不表示我就不亏欠他，所以应该写封信给他，在信上感谢他一番。"

罗纳另外写了一封信说："你这样不嫌麻烦地写信给我实在是太好了，尤其是你并不需要一个替你写信的秘书。对于我把贵公司的业务弄错的事我觉得非常抱歉,我之所以写信给你,是因为我向别人打听,而别人把你介绍给我,说你是这一行的领导人物。我并不知道我的信上有很多语法上的错误,我觉得很惭愧,也很难过。我现在打算更努力地去学习瑞典文,以改正我的错误,谢谢你帮助我走上改进之路。"

  不到几天,罗纳就收到了那个人的信,请罗纳去看看。罗纳因此得到了一份工作,由此发现"温和的回答能带来好运"。

10. 凡事不要意气用事

为人处世不要意气用事。容易意气用事的人往往不是把事情弄得更糟，就是中了别人的圈套。

春秋时期，齐国有3位很杰出的武士田开疆、古冶子和公孙捷。3人都十分英勇善战，被人们称为3勇士，很受国王的宠爱。久而久之，这3个勇士挟功自傲，横行霸道，目中无人。而在这个时候，齐国陈无宇想乘机把三勇士收买过去，以推翻齐王，夺取政权。

相国晏婴看到这种情况，内心十分担忧。为了国家的安定，晏婴决定寻找机会除掉这3个勇士。可是凭他的说辞国王肯定是不会杀掉这3个勇士的。但晏婴想到了一个办法，这个办法被后世称为"二桃杀三士"。

有一天，鲁国国君来访，齐王在王官设宴款待他们。晏婴、3勇士和文武百官都列席作陪。晏婴看到3勇士盛气凌人、不可一世，心中便有了主意。宴席进行到一半，晏婴上前奏请齐王，让他到花园里摘些桃子来宴请贵客，国王表示同意。于是晏婴到王官后面的花园里摘了6个桃子回来。这6个桃子，两国国君各吃了一个，两国的相国各吃了一个，最后只剩下两个桃子。晏婴提议让两旁的文武官员各自报功，谁的功劳大就把桃子赏给谁。

齐王觉得这个主意不错，还可以增加宴会的喜庆气氛，便让他的文武官员各自述说自己的功劳。这时公孙捷首先站出来说："从前我陪国王打猎时，曾亲手打死一只老虎，解了齐王的围，这算不算功劳大？"晏婴说："这个功劳自然算大，应该赏赐。"于是齐王赏给公孙捷一个桃子，公孙捷感到很得意。古冶子见状，立即起来说："打虎不算什么，我当年在黄河的惊涛骇浪中杀过一头大龟，救了齐王的命，这功劳可不比公孙捷小。"齐王一听，觉得他说得很对，于是把最后一个桃赐给了古冶子。就在这时，3勇士中的最后一位田开疆实在是坐不住了。他牢骚满腹地讲述了自己领兵攻打敌国，俘虏敌人500多人，为国家强大立下了赫赫战功。然后问齐王他的功劳够不够大。国王无可奈何，于是安慰他说："你的功劳确实很大，可是你说得太迟，桃子已经没有了，下次再赏赐你。"田开疆听不下去，觉得自己为国征战反倒受了冷落，而且是在众目睽睽下受到这样的侮辱，一时气愤难平，便当场拔剑自刎而死。公孙捷见状，也拔出剑来说："我功劳小而受到赏赐，田将军功高而没有得到赏赐，这确实不合情理。"于是抬手一剑也自我了断了。这时古冶子也跳出来说："我们3人曾经发誓同生共死，今天他们两位已死，我怎么能独自活着呢？"说完也自杀了。这3个勇士在说话之间就自杀身亡了，齐王连阻止都来不及，所有的来宾也都吓得目瞪口呆。晏婴以他的智慧，仅仅用了两只桃子，就杀掉了3个勇猛异常的武士，化解了国家的祸患。

  晏婴之所以成功，就在于他抓住了这3个人一个共同的致命的弱点，那就是过于意气用事。什么事情他们都不愿意思考，如果觉得受了侮辱，要么和侮辱他们的人决一死战，要么就自杀来血洗耻辱。这样的人只能叫莽夫。他们从来不给自己思考的时间，因此他们往往会中了别人的圈套。很多史学家和作家在刻画人物的时候，总是把勇和谋分得很开，要么有谋无勇，要么有勇无谋。有勇无谋在武将中表现得最明显，他们往往也是最容易上当受骗的人，似乎在他们生存的那个年代显得过于天真。

  事实上，并不是那些智商本来就低下的人才会意气用事。如果一个人受到奇耻大辱或者背负血海深仇的时候，往往也会意气用事。刘备就是意气用事的典型。

刘备自从得到了军师诸葛亮以后，一般都听从诸葛亮的安排来行军打仗，但是最后一仗，他没有听从诸葛亮的劝告，而是十分意气用事地率领大军去进攻东吴，因为他要给关羽报仇。

关羽在麦城被孙权设计俘虏之后，孙权因为爱惜关羽的才德，劝他投降。但关羽两眼圆睁，厉声大骂。孙权考虑很久之后，才叫人将关羽父子推出斩首。

关羽父子被害的消息传到成都，刘备大叫一声，昏倒在地。刘备从此不吃不喝，每天只是痛哭不止，连眼睛都哭出血来，发誓要引兵为关羽报仇。刘备还亲自在成都南门外主持招魂祭奠，终日嚎哭不止。刘备很快就病倒了，政务全交给诸葛亮一人处理。不久曹丕称帝，汉献帝被杀废，诸葛亮便上表请刘备做皇帝，以继承汉家事业。刘备先是不肯，后来还是听从了文武百官的劝告在成都登坛祭天称帝。

刘备称帝后便要兴兵攻吴为关羽报仇，赵云劝刘备以天下为重不要出兵，刘备不听。诸葛亮也率领百官苦苦相劝，刘备心中有一些动摇，然而这个时候，张飞从阆中赶来，哭着要刘备为关羽报仇，刘备听了张飞的话，决心起兵。

张飞回到阆中，限3日内全军白旗白甲，挂孝伐吴。部将范疆、张达请求宽限一些时日，张飞不听，鞭打两人，而且下了死命令。范疆、张达两人怀恨在心，当天晚上，两人见张飞酒醉未醒，于是杀了张飞，连夜投奔东吴去了。

刘备得知张飞遇害，哭昏在地。第二天张飞的儿子张苞、关羽的儿子关兴就来见刘备，刘备抱住两个侄子痛哭，发誓要替张飞和关羽报仇。孙权听说刘备引70万水陆大军前来报仇，急忙召集众将商量对策。诸葛瑾愿意前去和刘备谈和停战。

诸葛瑾见到刘备，表示愿归还荆州，并送还孙夫人，刘备还是不肯罢休。

孙权见刘备不肯罢兵，于是派赵咨去见曹丕，让曹丕出兵攻汉中，帮助东吴解围。然而曹丕只封孙权为吴王，加九锡，但既不帮助吴，也不帮助蜀，听任两国交兵。他是寄希望于一国被灭后，再出兵除掉另一国，以坐收渔翁之利。

战争初期，蜀汉军队节节胜利，东吴军队节节败退。傅士仁、糜芳见刘备势大便杀了马忠投奔刘备。刘备将马忠的头祭在关羽灵位前，又将傅士仁、糜芳两人刀剐祭灵。孙权见蜀军锐不可当，便将张飞首级和范疆、张达送还刘备，请求刘备停战。刘备将范、张两人刀剐于张飞灵前，却不愿停战。

这时大将阚泽以全家性命作保向孙权推荐陆逊领兵抵抗刘备，孙权下决心用陆逊，筑坛拜陆逊为大都督、右镇西将军，赐尚方宝剑，遇事可先斩后奏。

刘备听说陆逊就是定计取荆州的人，便要领兵去战。马良劝刘备不可轻敌，刘备却听不进去，领军攻打各处关口。

蜀军天天叫骂，但吴军仍然坚守不战。天气炎热，刘备便令人将营寨移入林中阴凉处。刘备让吴班到关前诱敌，军士赤身卧在阵前。吴将徐盛、丁奉要求出战，陆逊不准，说这是诱敌之计，3日后可见分晓。3日后陆逊领众将到关上观望，见吴班兵已经离去，刘备的伏兵走出谷口，众将这才心服口服。刘备又让水军顺江而下，在东吴境内沿江扎寨。陆逊见时机成熟，便点将出兵。初更时分，东南风大起，蜀营到处起火，蜀军自相践踏，死伤无数。结果东吴军队大破蜀军。刘备逃往白帝城，最后郁郁而终。

可见为人处世一定要冷静，尤其是在情绪激动的关口，千万不要妄动。

11. 处理不良情绪的方法

一名初涉歌坛的歌手，满怀信心地把自制的录音带寄给某位知名制作人。然后，他就日夜守候在电话机旁等候回音。

第一天，他因为满怀期望，所以情绪极好，逢人就大谈抱负。第十七天，他因为情况不明，所以情绪起伏，胡乱骂人。第三十七天，他因为前程未卜，所以情绪低落，闷不吭声。第五十七天，他因为期望落空，所以情绪坏透了，拿起电话就骂人。没想到电话正是那位知名制作人打来的。他为此而毁了期望，自断了前程。

我们在为这位歌手深深惋惜的同时，也应深刻地明白不良情绪带给人的危害。

美国德克萨斯州立大学的史密斯教授，曾经针对受测者情绪的变化及其个人生理心理状态做了一个实验。他在实验报告中指出：一般人的情绪如果处于焦虑、愤怒、恐惧的情况下，会有一种来自脑下腺的肾上腺皮质激素，分泌出来刺激肾上腺，因而影响受测者的生理状态。在这种情况下，受测者极易产生心跳加速、口干、胃部胀痛等生理现象。这种情形如果持续进行，就容易引发心脏病、高血压或胃溃疡等疾病。

管理自己的情绪，不但有益身心健康，提高自我功能，还能使自己的工作效能提高。心理学大师告诉我们——管理情绪，首先要从处理不当情绪开始，主要包括化解愤怒、缓和性急、消除紧张、革除悲观、排遣厌倦五个方面。

1.如何化解愤怒

是什么引发了我们的不良情绪？挫折、太累、被批评，或者是伤到我们自尊，愤怒令我们失去理智、引发冲突，甚至作出错误决定。处理愤怒（冲突）的基本原则就是"stop→think→do"。你不妨使用纸笔，写下以下的问与答：我现在碰到什么难题？我正在或正想做什么？这样做有益吗？我真正想要做的是什么？我该怎么做？

（1）不良情绪导泻法：我们的行为一定要对事不对人；说出自己的感受，而不是批评对方；注意时机的适当性；要把握恰当的语言及肢体语言。另外，要注重向适当可靠的人倾诉。

（2）搁置法：告诉自己，改天再谈；暂时放下它，把不良情绪关在门外。

2.如何缓和性急

性急就是压力的表现，也是情绪不稳定的表征。性急的人容易使自己的健康受损，也会失去定力，失去理智。在生活中稍不如意都可以让我们心乱如麻，以致不屑与人交谈，或者对一般的生活情趣觉得难耐，或者对未完成的事局促难安；还有些人好争强斗胜，却输不起，易激怒。

消除性急的方法：给自己多一点时间，或割舍行程表中部分项目；向自己低语（别急！安抚心里头那个毛躁的孩子）；哼一首曲子；休息。这些都有利于我们让自己的心平静下来。

3.如何消除紧张

我们的紧张来自忙碌、竞争、工作效率。紧张时身体会出现异常反应：肌肉绷紧，手心发汗、血液化学平衡失调。因此要注意你的整体身心作用：你的行动、思想、感受、身体反应在交互作用，使紧张扩及你的身心和情绪表现。当你紧张时，你可以通过这样的方法改善自己的心理：净化法——静坐；运动法——松弛技术。

4.如何革除悲观

事实上我们的悲观是由于不当的思考习惯所造成。碰到挫折,能区别思考的人表现乐观,不能区别思考的人则表现悲观。

面对挫折时,乐观者认为那是暂时的、特定的、外在的原因;而悲观者则认为那是永久的、一般的、内在的原因。面对顺境时,乐观者与悲观者的思考模式正好相反。乐观者如有隔仓的船;悲观者如没有隔仓的船,容易在受挫时不停地进水而沉没。

应时时在心里提醒自己,要乐观一点看问题,凡事都有它积极的一面。找到事物中对你有益或者有所启发的东西。

5.如何排遣厌倦

长期承受压力使我们产生厌倦。你可以改变自己的环境,改变自己的观念,保持一个好心情。

空虚也可使我们产生厌倦。应该拟订新目标或新的蓝图,或从事物中看出新的意义,跟积极的朋友交往,保持温暖的人际关系。

12. 转移你的情绪注意力

在20世纪60年代的美国，有一位很有才华、曾经做过大学校长的人，准备竞选美国中西部某州的议会议员。此人资历很高，又精明能干、博学多识，看起来很有希望赢得选举的胜利。但是，在选举的中期，有一个小谣言散布开来：三四年前，在该州首府举行的一次教育大会中，他跟一位年轻女教师"有那么一点暧昧的行为"。

这实在是一个弥天大谎，这位候选人对此感到非常愤怒，并尽力想要为自己辩解。由于按捺不住对这一恶毒谣言的怒火，在以后的每一次集会中，他都要站起来极力澄清事实，证明自己的清白。其实，大部分的选民根本没有听到过这件事，但是，现在人们却越来越相信有那么一回事，真是越抹越黑。公众们振振有词地反问："如果他真是无辜的，他为什么要百般为自己狡辩呢？"如此火上加油，这位候选人的情绪变得更坏，也更加气急败坏、声嘶力竭地在各种场合下为自己洗刷，谴责谣言的传播。然而，这却更使人们对谣言信以为真。最悲哀的是，连他的太太也开始转而相信谣言，夫妻之间的亲密关系被破坏殆尽。

最后他失败了，并从此一蹶不振。

人们在生活中有时会遇到恶意的指控、陷害，也经常会遇到种种不如意。有的人会因此大动肝火，结果把事情搞得越来越糟，就像这位议员一样。

下面就教大家几招转移情绪注意力的方法。

1. 积极参加社会交往活动，培养社交兴趣

人是社会的一员，必须生活在社会群体之中，一个人要逐渐学会理解和关心别人，一旦主动爱别人的能力提高了，就会感到生活在充满爱的世界里。如果一个人有许多知心朋友，便可以取得更多的社会支持。更重要的是可以感受到充足的社会安全感、信任感和激励感，从而增强生活、学习和工作的信心和力量，最大限度地减少心理应激和心理危机感。

一个离群索居、孤芳自赏、生活在社会群体之外的人，是不可能获得心理健康的。

2. 多找朋友倾诉，以疏泄郁闷情绪

生活和工作中难免会遇到令人不愉快和烦闷的事情，如果有好友听你诉说苦闷，那么压抑的心境就可能得到缓解或减轻，失去平衡的心理也可以恢复正常。因为得到来自朋友的情感支持和理解，从而获得新的思考，增强了战胜困难的信心。

还可向自然环境转移，郊游、爬山、游泳或在无人处高声叫喊、痛骂等。也可积极参加各种活动，尤其是将自己的情感以艺术的手段表达出来。

3. 重视家庭生活，营造一个温馨和谐的家

家庭是整个生活的基础，温暖和谐的家是家庭成员快乐的源泉，事业成功的保证。在此环境下成长的孩子，也利于其人格的发展。如果夫妻不和、吵架，将会极大破坏家庭气氛，影响夫妻的感情及其心理健康，而且也会极大地影响孩子的心灵。可以说不和谐的家庭经常制造心灵的不安与污染，对孩子的教育也很不利。

理想的健康家庭模式，应该是所有成员都能轻松表达意见，相互讨论和协商，共同处理问题，相互供给情感上的支持，团结一致应付困难。每个人都应注重建立、维持一个健全的家庭。社会是个大家庭，一个人如果能很好地适应家庭中的人际关系，也可以很好地在社会中生存。

13. 操纵好情绪的转换器

天有不测风云，人有旦夕祸福。在日常生活中，我们难免会遇到一些挫折、困苦等不愉快的事，而一味地生气、焦虑、怨恨，不但不会使事情好转，反而严重地伤害我们的身心健康。

人不会永远都有好情绪，任何人遇到灾难，情绪都会受到一定影响。这时，你一定要操纵好情绪的转换器。面对无法改变的不幸或无能为力的事，就抬起头来，对天大喊："这没有什么了不起的，它不可能打败我。"或者耸耸肩，默默地告诉自己："忘掉它吧，这一切都会过去的！"

被称为世界剧坛女王的拉莎·贝纳尔，突遇风暴，不幸在甲板上滚落，足部受了重伤。当她被推进手术室，面临锯腿的厄运时，突然念起自己所演过的一段台词。记者们以为她是为了缓和一下自己的紧张情绪，可她说："不是的，是为了给医生和护士们打气。你瞧，他们不是太正儿八经了吗？"

拉莎·贝纳尔在面对无法抗拒的灾难时，没有恨天怨地，没有抱怨命运不公；相反，她勇敢地跳出悲伤、焦虑的圈子，重新燃起生活的激情。"他们不是太正儿八经了吗？"说这话时，她心中的情绪转换器一定调整到了最佳状态！结果，拉莎手术圆满成功后，她虽然不能再演戏了，但她还能讲演，她的充满生命热情的讲演，使她的戏迷再次为她鼓掌。

情绪是可以调适的，只要你操纵好情绪的转换器，随时提醒自己，鼓励自己，你就能让自己常常有好情绪。那么，当坏情绪突然来临时，

如何调适,操纵好情绪的转换器呢?下面的方法可能供你参考:

散散步,把不满的情绪发泄在散步上,尽量使心境平和,在平和的心境下,情绪就会慢慢缓和而轻松。

最好的办法是用繁忙的工作去补充,去转换,也可以通过参加有兴趣的活动去补充,去转换。如果这时有新的思想、新的意识突发出来,那些就是最佳的补充和最佳的转换。

Part 8

我们无法预料成功的次数，但可以减少失败的几率

【10步教你克服困难，做成功的强者】

1. 无法选择时请超越苦难

有个人去巴西旅游时,看见了一只非常美丽的海龟,它的壳和头尾都是翠绿色的,在翠绿色的壳上有着深咖啡色的花纹。那只海龟的嘴很大,两边的线条翘起,像是一直在微笑;眼睛炯炯有神,直直对人注视,眨也不眨。

这个人欣赏它的美丽,百般恳求,出了高价才向原来的主人购得。然后通过了动物进出口的种种繁复检验,从海运用货柜托运回了家。从巴西到自己的国家的货轮开了3个月才到,这个人本来还担心万一这只海龟饿死了可怎么办,没想到开箱的时候,它还是好端端的,一点问题也没有,那对明亮的大眼睛突然张开,吓了这个人一大跳。3个月不吃不喝还能存活,真是不可思议。

过了一个月,他有一天需要到南部去开个会,要离开一个星期,想想不能每天喂海龟,就在离开的时候放了三把熟透的香蕉。一星期后,他兴冲冲地回来看海龟,可是那只海龟却已经死了,香蕉少了一把。

找了一位兽医来看,他说乌龟是撑死的,它把一大把香蕉一口气吃完,所以撑死了自己。

这个故事让人感慨不已。在极度的黑暗中,整整3个月,饥寒交迫之下还能存活的乌龟,在翠绿的花园水池旁却因为吃得太饱而死了,可见困厄并不一定可畏,饱足也不尽然可喜!这个故事还让人想起孟子说的:"生于忧患,而死于安乐。"因缘是不可思议的,希望远离苦难享受

我们无法预料成功的次数,
但可以减少失败的几率

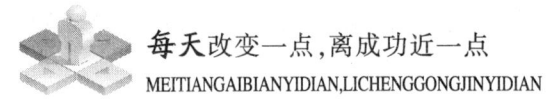

安乐的人，请想一想，忧患能给人带来生的勇气，而安乐却使人丧失活的斗志，千万别当一只"生于忧患，而死于安乐"的巴西海龟！

苦难有时很残酷，它会把你一生的追求和信念一瞬间撕得粉碎，也可能对你穷追不舍，一点点地蚕食着你生命中的绿色。

但是，无论你经历过多少苦难，走过多少坎坷，你都不会一无所有的，你总会还拥有一些东西，它们是你生命里最为宝贵的财产。

2. 要有战胜困难的信心

20世纪60年代，有一个韩国学生到剑桥大学去读书，主修心理学。他喜欢喝下午茶，因为在那里他可以经常和一些成功人士聊天。这些成功人士中不乏某一些领域的学术权威、创造经济或者政治神话的人，当然也少不了诺贝尔奖获得者。在他的心目中，这些人必然是经历了千辛万苦，又运气十足地取得了今天的成绩。通过聊天，他发现这些人都很幽默风趣。更让他吃惊的是，这些人居然把自己的成功都看成是非常自然、顺理成章的事情。原来取得成功并不是那么难，只不过有的人描述自己创业的时候，将艰辛夸大了。正是因为这种夸大，使很多正在创业的人退却了。

这个学生认为自己很有必要对韩国成功人士的心态加以分析和研究。后来，他把自己的研究成果写成了《成功并不像你想象的那么难》，并作为毕业论文提交给了他的老师。他的老师看了以后十分惊喜，他认为这是一个难得的新发现。把成功中的艰辛夸大的现象不仅存在于东方社会，而是在世界各地都普遍存在，但从来就没有一个人敢于提出来并加以研究。老师这样描述他的感受："我说不清楚这篇文章到底能给你多大的帮助，但我能肯定的是它比任何一个政令都能产生震动。"

果然，后来的事实证明，这篇文章伴随着韩国的经济起飞了。正是这本书鼓舞了一代又一代的韩国人，告诉他们从新的角度来看待成功，成功固然需要艰难困苦的努力，但是并没有想象中的那么困难。只要你

我们无法预料成功的次数，
但可以减少失败的几率

长久地对某一事业感兴趣，而且坚持下去就一定会取得成功，因为老天已经赋予了你足够的时间和智慧去圆满地做成一件事情。当然，这个学生后来也取得了较大的成功，他成为韩国某汽车公司的总裁。

人在困难面前一定要有一种积极的心态。如果一个人总是抱着下坡的想法爬山，那么他肯定很难爬上山去。同样的道理，如果一个人的世界总是沉闷而无望，那么他也就无法改变世界。要想改变自己的世界，首先要做的是改变自己的心态。一个人的心态正确了，才能在紧要关头把握住机会。

人们的心态决定了他们的行为，心态积极向上就有可能取得最大的成功。很多困难都被我们夸大了，大多数情况下，困难并没有想象中的那么严重，只不过在我们心中，一种畏难的情绪让自己不得不把它看得过于严重。

3. 办法永远比困难多

古时候，有个打柴的人来到了一条水沟边，遇到山洪暴发，桥被冲断了，他实在过不去。这个时候他发现山涧旁有一座神庙，神庙里有个神像。他把神像取了出来，在水沟上搭了一座很简易的桥，顺利地走了过去。

不久，又有一个人经过这里，当他看到神像被放在水沟上时，连声发出叹息："真不知道是哪个强人胆子这么大，对神像竟敢如此亵渎？"他将神像扶了起来，而且用自己干净的衣服把神像擦得干干净净，然后双手捧着神像，将它送回神座上去，很虔诚地拜了几拜后，沿着原路返回。

庙里的小鬼问神像说："您在这里做神明，理所当然地享受着人们的祭祀。现在居然有个很无知的人这样侮辱你，我看您应该赶紧降祸惩罚他才行，否则以后您就什么威严都没有了。"

神像听了以后，哈哈大笑说："这些我都不是很在乎，但是如果真的要降祸，那么也只能降给后来的那个人。"

小鬼很不理解："那个打柴的人用脚来践踏您，我觉得这个世界上没有比这更严重的侮辱了，您怎能不在乎呢？而后来的那个人对您如此虔诚和敬重，甚至用自己的干净衣服来擦拭您身上的污泥，这样的人您为什么会降祸给他？"

神像笑着说："原因其实很简单，因为前面那个人根本就不相信神道,对于这样的人,我怎能降灾祸给他?"

原来打柴人不相信一些约定俗成的东西,反而得到了神像的尊重和敬畏。

很多时候,一个人的决心和困难是此消彼长的关系。决心越大,困难越小;决心越小,困难越大。

有些时候,人们遵从一些约定俗成的东西,其实质是想逃避一些困难,而不是想办法来解决困难。就像后来的那个人将神像扶起,然后并没有过沟,而是原路返回。这样的人永远都会在困难面前寻找理由。

其实,我们经常遇到的很多被称为困难的东西,都不过是虚张声势,根本就不值得害怕,有一则寓言很清楚地指出了虚张声势者的本质。

有一个人在自家的园子里松土,锄头正要锄到一个土堆的时候,突然土堆的后面爬出一只很大的毒蜘蛛。毒蜘蛛很庞大,而且长相恐怖。农夫吓了一大跳,赶紧跑到一边去了。毒蜘蛛挥舞着长爪,发出怪叫声,似乎在威胁农夫:"你敢动我一下,我就立即咬死你!"

当毒蜘蛛看到农夫有点害怕的神情,就又向前爬了几步,张开大嘴表现出十分凶恶的样子,那种神情似乎在说:"该死的农夫,你听明白了,只要你被我咬上一口,你立即就会死掉。首先你会在痛苦中抽搐,然后在更加痛苦中咽气!所以你最好给我走开,我现在可以不伤害你,否则的话,你要倒大霉!"

过了很长时间,农夫的情绪渐渐稳定下来了,他心里很明白这个毒蜘蛛是在装腔作势,其实这个小东西是过高估计自己了,这正好说明它很是害怕的。想到这里,农夫向后退了一步,然后运足了气力,光着脚狠命地朝着毒蜘蛛踩去,边踩边说:"其实你也挺吓人的,但是不知道你实际上又怎么样呢?我倒想知道,你到底能不能咬死我!"

结果,毒蜘蛛被农夫踩死了。但是在它被踩死之前,毒蜘蛛还是狠命地在农夫的大脚掌上咬了一口。然而，这个农夫始终相信蜘蛛不过是在虚张声势。果然如此，由于农夫脚掌上有着厚厚的老茧，所以他只感觉到轻微的一蜇，就没有其他任何不好的感觉了。踩死毒蜘蛛后，农夫觉得特别轻松。

其实很多时候，困难就像毒蜘蛛，我们要向农夫学习。解决困难的过程也许会伴随着痛苦，但是一旦困难解决了，人就会立即轻松起来。如果困难迟迟得不到解决，那么痛苦就会一直持续，就像毒蜘蛛那样口气会越来越大，人的心情也会越来越沉重。

我们无法预料成功的次数，
但可以减少失败的几率

4. 困难没有想象中的大

困难没有想象中的大，在做事情的时候必须保持坚强的信念。信念不但是一种指导原则，而且也是一种信仰，它能让人明了人生的意义和方向。同时，信念就像一张过滤网，能够对人所看到的世界进行过滤。信念也是指挥中枢，它能按照自己所相信的，指挥人们去主动地接受事情的变化。如果相信自己会成功，那么信念能够促成这种成功。但是，如果莫名其妙地相信自己会失败，信念当然也会带来各种莫名其妙的失。

在这个世界上，似乎聪明的人往往不通过努力就能获得成功，其实这是个假象，没有不通过努力就获得成功的人。有一种人，他们很不成功，原因是他们没有自信和乐观的心态，而是不停地抱怨。

面对困难要保持乐观，乐观的人和悲观的人看到同样的事情往往会得出截然不同的结论。比如一个杯子里盛有半杯水，乐观的人看到的是杯子的一半是满的，而悲观的人看到的却是杯子的一半是空的。遇到困难和挫折，乐观的人往往会十分客观地分析各种原因，最后得出的结论往往是客观条件不允许，而不是自己的能力不行；而悲观的人往往会第一反应是自己出了问题，而且自己永远都不会成功了。很多时候，成功者之所以成功，往往就是因为具有积极乐观的心态，他们从来不会怀疑自己的能力，也不会怨天尤人，对于他们来说，永远都不会存在失败，而是此时此刻没有成功。成功和失败是有本质区别的。没有成功表明还在朝着成功的方向努力，而失败则代表了一个结果。

困难其实是欺软怕硬的东西。当你退缩一步，困难就会前进两步。只有当你勇往直前的时候，根本不被困难吓倒的时候，困难才会离你远去。其实，人生如果过于顺利，或许就体会不到其中的很多乐趣。不妨在困难中，静下心来体会和享受。

困难没有想象中的那么大，对我们每一个人而言，我们没有理由不乐观。我们有这一辈子的时间来实现自己的理想，有一辈子的时间来规划自己的人生。我们有健康的身体，有思想、有智慧、有知识，比起世界上很多人来说，我们已经是很幸福的。我们完全有理由拥有乐观的心态。而且很多时候，尤其是年轻的时候，更应该学会"盲目乐观"一些。"盲目乐观"代表着一种跌倒了永不服输的决心，甚至在心中根本就没有"输"这个字眼。人在小的时候往往能学到很多东西，那个时候吸收知识特别快，原因就在于小的时候根本没有失败的意识，只是凭着自己的兴趣或者韧性去做自己想做的事情。随着人慢慢长大，经历的事情多了，失败逐渐成了自己的一种意识，害怕失败，或者刻意回避失败，最后是不可避免的失败。相反，那些"盲目乐观"的人，在他们的意识中根本就没有失败的意识，只知道一个劲地向前冲，只知道一个劲地追求。失败对于他们而言，不是界限，也不是他们的极限，他们没有失败的概念。很多成功人士之所以成功，就是根本没有想过失败。如果当初想到了失败，他们也许就不会取得成功了。在他们心中，有一种积极和乐观的态度，所以他们比一般人更加愿意去承担风险，自然也就会享有更多的回报。事情没有到最后一步，谁都不知道结果将如何发展，之所以害怕失败，往往是因为对自己没有信心，对事情的把握力度还不够。在这种情况下，一方面要增强自己的信心，对事情进一步调查掌握；另一方面要学会让自己乐观起来，用乐观的情绪激发自己最大的潜力。

我们无法预料成功的次数，
但可以减少失败的几率

5. 把困难当作机遇

古希腊神话传说中,有这样一个故事,很耐人寻味:

天神西西弗斯因为在天庭犯了法,遭到宇宙之神宙斯惩罚,降到人世间来受苦。宙斯对他的惩罚是:推一块石头上山。每天,西西弗斯都费了很大的劲儿把那块石头推到山顶,然后回家休息时,石头又会自动地滚下来。于是,西西弗斯又要把那块石头往山上推。这样,西西弗斯不得不在永无止境的失败命运中,受苦受难。西弗斯每次推石头上山时,其他天神都打击他,告诉他不可能成功。但西西弗斯不肯认命,一心想着推石头上山是他的责任,只要把石头推上山顶,责任就尽到了。至于石头是否会滚下来,那不是我的事。

所以,当西西弗斯努力地推石头上山的时候,他心中显得非常的平静,因为他安慰着自己:明天还有石头可推,明天还有希望。

宙斯对西西弗斯无可奈何,最后只好放他回了天庭。

把困难当作机遇,把命运的折磨当作人生的考验,把今天的苦楚寄希望于明天的甘甜,这样的人,即便是上帝,对他也无能为力。

人的一生绝不可能是一帆风顺的,有成功的喜悦,也有无尽的烦恼;有波澜不兴的坦途,更有布满荆棘的坎坷与险阻。当苦难的浪潮向我们涌来时,我们唯有与命运进行不懈的抗争,才有希望看见成功女神高擎着的橄榄枝。

孟子云:"天将降大任于斯人也,必先苦其心志,劳其筋骨,饿其体肤，空乏其身，行拂乱其所为，所以动心忍性，增益其所不能。"苦难是锻炼人意志的最好的学校。与苦难搏击，它会激发你身上无穷的潜力，锻炼你的胆识，磨炼你的意志。也许，身处苦难之时你会倍感痛苦与无奈，但当你走过困苦之后，你会更加深刻地明白：正是那份苦难给了你人格上的成熟和伟岸，给了你面对一切无所畏惧的能力，以及与这种能力紧密相连的面对苦难的心态。

苦难，在不屈的人们面前会化成一种礼物，这份珍贵的礼物会成为真正滋润你生命的甘泉，让你在人生的任何时刻，都不会轻易被击倒！

朋友，你一定见过瀑布吧。美丽的瀑布迈着勇敢的步伐，在悬崖峭壁前毫不退缩，因与山崖的互相碰撞造就了自己生命的壮观。有谁能说，这不是生命的美丽呢？

6. 挫折能够增长人的聪明才智

一个人在遭遇挫折之后，如果他想要再一次站起来，那他就会去认真总结经验教训，探究导致失败的原因，寻找摆脱困境的办法。他正是在这样一个思考、总结、探索、创造的过程中，提高自己的认识、增长自己的才智，使自己变得比以前更加聪明起来。

另外，挫折还能使人真正懂得人生的意义而更加高尚起来。

心灵大师卡耐基在青年会中执教的时候，曾因自己失败的演讲而被解雇。正当他对自己不抱任何信心的时候，他收到了伊丽莎白·康妮寄来的一封信。正是这封信使他看清了自己，最终找到了发挥自己才智的地方。

康妮在信中说：

亲爱的先生，我在给你写这封信时，突然想起了乔治五世挂在白金汉宫上的那句话："教我不要为月亮哭泣，也不要因事情而后悔。"现在我想只跟你说一说我的故事。

有一天我接到国防部的电报，说我的侄儿——我最爱的一个人，在战场上失踪了。

我的心跳速度一下子加快了，在随后的日子里，我无法安心睡觉，也无心吃饭。过了不久，我终于接到了我侄儿阵亡的通知书，那时，我的心无比的悲伤。

在那件事发生以前，我一直觉得命运对我很好，伟大的上帝赐给了我一份喜欢的工作，又让我顺利地抚养大了相依为命的侄儿。在我看来，我侄儿代表着年轻人美好的一切。我觉得以前付出的努力，现在一定会有一个很好的回报……

然而，却来了这样一份电报，我的整个世界都被粉碎了，我再也找不到使自己活下去的理由了，我失去了生存的意义和继续生存下去的借口。我开始忽视我的工作，忽视我的朋友，我抛开了生活的一切。我开始对这个世界冷淡和怨恨。为什么死的是我最爱的侄儿？为什么这么好的孩子还没有开始他的生活就离开了这个世界？为什么他会死在战场上？

我没有办法接受这个事实，由于悲伤过度，我无力再去工作。所以，我决定放弃工作，离开家乡，把自己藏在眼泪和悔恨之中。就在我清理桌子准备辞职的时候，我突然看到一封几乎被我遗忘的信件——一封由我的侄儿生前寄来的信，当时，我的母亲刚刚去世。

他在信上说："当然我们都会想念她的，尤其是你。不过我知道你会平静地度过的。

"以你个人对人生的看法，就能让自己坚强起来。我永远不会忘记你教给我的那些宝贵的道理。

"不论我在哪里生活，不论我们离得多么远，我永远都会记得你的教导。你告诉我要笑对生活，要像一个男子汉一样学会承受一切发生的事情。"

我把那封信读了一遍又一遍，觉得他就在我的身边，好像这封信是他说给我听的。仿佛他在对我说："你为什么不照你教给我的办法去做呢？坚持下去，不论发生什么事情，把你个人的悲伤藏在微笑的下面，继续生活下去。"

侄儿的信给了我极大的鼓舞，我觉得人生又充满了期望，我决定回去工作。我不再对人冷淡无礼。我一再对自己说："事情到了这个地步，我没有能力改变它，不过我能够像他所希望的那样继续活下去。"我把所有的思想和精力都用在了工作上，我还给前方的士兵们写了信，好像他们就是我的侄儿。另外，在工作之余，我还参加了成人教育班——找出

我们无法预料成功的次数，
但可以减少失败的几率

了新的兴趣，结交了许多新的朋友。我几乎不敢相信发生在我身上的这些变化。

我不再为已经过去的那些事悲伤，现在我每天的生活都充满了快乐——就像我的侄儿要我做到的那样。

戴尔·卡耐基读罢这封信，心中涌出了感叹并重新坚定了自己的信心。

伊丽莎白·康妮学到了我们所有人迟早都要学到的事情，这就是我们必须深知覆水难收的道理，有些事情一旦发生了，就没有办法再去弥补。现在需要做的就是如何让自己在事情发生之后，保持一种积极的心态，重新定位自己的人生。

7. 即便在绝境也要抱有希望

心理学家曾对两个老鼠做过一个实验。研究人员用手紧紧抓住第一个老鼠，无论它怎么反抗挣扎，都没有办法逃脱。挣扎了一段时间以后，老鼠终于放弃了存活的希望，一动也不动地躺着，这时候再把它放到一个温水槽里，老鼠立即就沉了下去，它没有游泳自救。而第二个老鼠并没有被紧紧地抓过，所以被放到水槽里之后，马上就从水里游了出来。

两个老鼠的实验说明，如果放弃了希望，放弃了改变现实的勇气，那生活对于你就是暗淡的，你也就失去了生存的条件。如果一个人能在不断的打击中，放下心中的阴影，放下脑中的忧虑，把剩下的有限精力投入到新的考验中去，拥有那种不达目的绝不停止的坚忍精神，就能开创新的大地。在许多时候，胜利者和失败者往往只差一点，那就是这种坚持的精神，就是这种敢于放弃被打击后的失落心情的决心。他们从来都不轻信别人的流言，从来都以自己的态度为基点，因为只有凭借自己的勇气和辛劳，才能帮助自己解决一切横在面前的难题。

有位年老的盲人琴师，技艺高超，远近闻名。他带着一个盲童，以弹唱为生，四处漂泊。老琴师每弹断一根琴弦，就在琴体上认真地刻下一道。有一天，老琴师终于弹断了第一百根琴弦，他泪流满面地刻下了第一百道。因为老琴师的师傅在临终前曾叮嘱过他：当他弹断第一百根琴弦、刻到第一百道的时候，便可以打开遗嘱，按照遗嘱中的药方到药店去买药，用药后定能双目复明。

他带着盲童迫不及待地找到了药店。出乎意料的是，药店的伙计大惑不解地说："遗嘱中一个字也没有，只是一张白纸。"老琴师惊呆了，简直不敢相信自己的耳朵。尽管他明白了自己师傅的一片苦心，可是那支撑着生命的精神支柱却彻底崩溃了。不久，老琴师便去世了。

老琴师在去世前，用盲文在那张原来无字的遗嘱上给盲童写下了自己的遗嘱："我的生命可以告诉你：要战胜客观环境，首先要战胜自己。人的生命不仅需要物质力量的支持，而且需要精神力量的支撑。"

光阴似箭，当年的盲童已是一位技艺更加高超、名声更加显赫的老者。他在珍藏了数十年的遗嘱上又用盲文补充道："希望、信念和目标引导着光明和生存，绝望和颓废引导着黑暗和死亡。"

遗嘱上的药方是老琴师的希望，是他生存的寄托，是他心中的一盏明灯，照亮他前进的方向，而一旦这盏明灯熄灭，生存的希望便化为泡影，生命便不复存在。我们的生命中，正是因为有了精彩纷呈的希望、目标，才能有精彩纷呈的生活。没有了它们，生活也就没有了意义。希望是我们的心灯，它照亮了我们的前程，指引我们前进的方向。希望可以让我们活得更精彩，可以让我们超越一切。

美国有一位心理学家曾经做了一项实验，在某中学新生开学的第一天，他在其中的一个班宣布：你们是经过精选出来的最有发展前途的学生。之后他再也没有露过面。但他并没有忘记自己说过的话，密切关注着这些学生。十几年追踪研究得出了惊人的结果，这一个班的人确实如他所说的那样，个个出类拔萃，有的成为科学家，有的成为政治家。

心理学家的一席话让班里的学生看到了希望，获得了自信，于是他们便为心中的这个希望奋斗着，最终他们成功了。他们哪里知道，正是希望这盏心灯指引了他们前进的方向，让他们明确了自己奋斗的目标，才在人生中少走了许多弯路，所以才能有所成就。

8. 失意而不失志

人生的航船并非一帆风顺，有风平浪静，也有大浪滔天。风平浪静时，不喜形于色，风吹浪打时，不悲观失望，我自岿然不动。只有这样，人生的大船，才能顺利驶向成功的彼岸。

月有阴晴圆缺人生也是如此。情场失意、朋友失和、亲人反目、工作不得志……类似的事情总会不经意纠缠你，此时你的情绪可能已经跌至低谷。其实，生活中的低谷就像是行走在马路上遇到的红灯一样，不妨把它看作是为了维持我们人生的某种秩序，不妨利用这段时间来做个短暂的休息，放松绷紧的神经，为绿灯时更好地行走打下基础。

古人说"人生得意须尽欢"，但人生失意时也不能停下脚步，也应该积极进取。条条大路通罗马，此路不通，不妨换条路试试，不妨来个情场失意工作补。处在人生的低谷，悲观、痛苦、怨天尤人都没有用，只会让自己越陷越深。越是逆境，我们越应该保持清醒的头脑和理智，全面认识自己的优点和不足。不妨利用这个机会反省一下，重新认识自己。看到自己的优点，可以抚慰自己那颗受伤的心，让心情归于平静，重新鼓起勇气，走出低谷；发现自己的弱点与缺点，是一种进步，是一种智慧，是一种超越。

历史上许多伟人，许多有成就者，都有过失意的时候，但他们都能失意不失志，都能做到胜不骄，败不馁。司马迁因李凌一案而官场失意，但他没有被打垮，反而成就了他"史家之绝唱，无韵之离骚"的传世之

*我们无法预料成功的次数，
但可以减少失败的几率*

作。蒲松龄一生梦想为官,可最终也没能如意,但他是幸运的,因为他能及时反省,能及时调转人生的航向。俗话说:"朝闻道,夕死可矣。"如果他不能及时省悟,便不会有后世留芳的《聊斋志异》问世,他的大名也不会永载史册。

美国最伟大的总统之一林肯曾有两次经商失败,两次竞选议员失利的经历,但他最终还是得到了成功女神的垂青,成为美国历史上与华盛顿总统齐名的伟人。试想,如果他在经商失意时不能及时省悟,不能及时易辙,那他可能连成功的门都摸不着。

失意并不可怕,只要及时省悟,可能你会从此踏上另外一条通往成功的大道。失意时最忌情绪低落,最忌破罐子破摔的思想,一定要想着做点什么帮助自己渡过难关。失意时可以先大哭一场,把失败的苦痛尽快释放出来。痛哭之后必轻松,哭过以后,一定要及时反思,思考自己错在何处,如果还有挽救的余地,那不可轻言放弃,如果实在是无药可救,自己在这一方面没有什么优势和天赋,那就到了下一步:痛下决心,改弦更张,重新绘制人生的宏伟蓝图。

9. 点燃生命的激情

每天走在上班下班的人潮中，面对着拥挤的人流，徒生感慨：日复一日重复着同样枯燥的事情，面对索然无味的工作及生活，生命是否平淡得略显苍白了？长此以往，生命的意义何在呢？生命何时才有激情可言呢？

我想大多数人可能都如我一样有过这样的思考。

车尔尼雪夫斯基说过："生活只在平淡无味的人看来才是空虚而平淡无味的。"贤者说得好，或许我辈正是如此吧！在日复一日的忙碌中，我们忘记了给生命点燃一份热情，以至于把重复的事情看得索然无味，把吃饭、工作看成是一种负担。实际上，热情对于生命来说，是极其重要的。生活是船，热情便是帆。你可以没有金钱，但你不能没有精神；你可以没有权势，但你不能没有生活的热情。热情是世界上最大的财富，它的潜在价值远远超过金钱及权势。

艾青曾说过这样一段话："假如人生仅是匆匆过客，在世界上彷徨一些时日。假如活着只求一身的温饱，和一些人打招呼、道安。不曾领悟什么，也不曾启示过什么。没有受人毁谤，也没有诋骂过人。对所看见的、所听见的、所触到的，没有发表一点意见。临死了，对永不回来的世界，没有遗言。能不感到空虚的悲哀吗？"的确，这种人生才是真正悲哀的人生，这种生命，不来也罢！

无论生命的旅程是一帆风顺，还是充满磨难都请拿出热情来点燃生命的航程吧。在风平浪静时，从容地打点生活；在激浪排空时，豁达地欣赏自我的生命的力量。

　　生活是美好的，生活的棱镜片折射出的七彩阳光更是美丽耀人的。让我们投入到生活的洪流之中，点燃生命的热情，这样，我们就会拥有一种充实的生活态度。我们就不会再把生活中的付出当作辛劳，相反，我们会忘记生活的艰辛，用旺盛的精力、充分的耐心和良好的状态去迎接每天的工作。时间飞逝，热情不绝，有了这样的生活信念，抱定这样的生活态度，一切都将变得无比美好！

　　王蒙《青春万岁》写得很美，让我们一同欣赏寻激动人心的诗句：
　　所有的日子，所有的日子都来吧
　　让我们编织你们，用青春的金线
　　和幸福的璎珞，编织你们
　　……
　　是单纯的日子，也多变的日子
　　浩大的世界，样样叫我们惊奇
　　从来都兴高采烈，从来不冷漠
　　眼泪、欢笑、深思，全是第一次

10. 振作精神，击败厄运

不论是先天的，还是后天的，只要我们能够意识到自我，我们就会改变自己。

在这个世界上，每个人的性格千差万别，情感也是千姿百态，胆大或胆小，内向或外向，乐观或悲观，自信或自卑，它们并不单单取决于所谓的遗传基因，更多的在于后天的陶冶和磨炼。

心理学家的调查表明，至少75%以上的成年人都认为自己的一系列情感，如愤怒、兴奋、快乐、埋怨、恐惧等都是自然形成的，是无法选择和控制的。于是，他们便听天由命，任由感情摆布。这正好说明大部分人的情感和性格是由外界的环境等因素所掌控的。事实上，我们不但能够磨炼自己的性格，也可以选择自己的情感，只要我们用远大的目光去认识和看待我们生存的这个世界，用顽强的毅力去改造我们周围的环境，用豁达的心境去认知和感悟我们的一切遭遇，我们就一定能够清除自己心理上的障碍和阴影。

生活中许多的烦心、哀愁和不如意常常都是"自寻烦恼""庸人自扰"的结果。有些看起来复杂的事情其实根本不重要，只是我们对生活的理解不够豁达宽容，而使某个问题成了一条捆绑生命活力的锁链。

精神可以击垮厄运，情绪可以支配人生，只要我们选择和酿造豁达乐观、积极向上的情绪，我们就会在人生的旅途中走向快乐，走向成功。

当一个人能从心里对自己的生命充满感激时，他所散发出来的魅力能让世间所有的人感动。

有一个伟人曾说:"当鞋合脚时,脚便被忘却了。"太多的时候,我们的生命处于被遗忘的状态。太刻意于外在的东西,内在的宝贵便淡化了。事实上,在上天赐予我们生命的时候,也赋予了我们快乐的能力。人之所以痛苦的根源在于,人在心灵上的难以满足,人对生命有太多的不满和抱怨,唯独少了一份感谢,快乐也因此与他们无缘。

有一个人每天都很苦恼。有一天,他黄昏经过一座小桥,看见了一个木推车,车上有一个又丑又胖的女人,那女人坐在车子上,怀里搂着她儿子(肯定是她儿子,因为小男孩那副丑相简直就是那女人的翻版),周围还有破箱子、破麻袋、草席、水桶、饼干盒、汽车轮等,她被大包小包前呼后拥地围着。

那男人(想必是她丈夫)龇牙咧嘴地推着车子,黄褐色的头发湿淋淋地贴在尖尖的头颅上,打着赤膊,夕阳下的皮肤红得发亮,半长不短的裤子松垮垮地吊在屁股上。男人推木推车上桥时,他的裤子掉了下来,露出半个屁股。

男人都快累死了,那胖女人坐得心安理得,还优哉游哉地吃着雪糕呢!又黑又亮结实得铁棍似的手臂里的小男孩,时不时把母亲拿着雪糕的手抓过去咬一口,母子两人在木推车上争着吃,脸上尽是笑,女人笑得眼睛更小、鼻更塌、嘴巴更大,脸上可能搽了粉,黑不黑,白不白,有点灰有点青,粗硬的头发让风吹得在头顶纠成一团,而后面那瘦男人看得那么开心。

突然,不知怎么回事,木推车不听话地直往桥头一棵椰子树冲去,男人直着脖子拼命拉,裤子都快掉下来了,木推车还是向椰子树一头撞去,女人手中的碎冰草莓撒了她跟小男孩一头一脸。谁知那男人一手丢了木推车,望着车上的母子俩大笑,女人一边抹去脸上的草莓,一边咒骂,一边跟着笑。

看着这一家三口笑得死去活来,这个烦恼的人也放怀跟着他们恣意地大笑一场。

是啊,管什么男的讲风度,女的讲气质,什么人生的理想,生活的目标,什么经济不景气,借人家一百万会不会给逼债?这家的三口,男人的黄发和木推车以及车上的蛤蜊和黑白仔告诉我们,他是捕鱼郎,女人大概是摆地摊的小贩,每天快快乐乐地出海摸摸蛤蜊,快快乐乐地赶集摆地摊,然后跟着夕阳回家。

丑成那样,穷成那样,又有什么关系呢?

当一个人对自己的生命充满了发自内心的感激时,他所散发出来的魅力能让世界上所有的人都感动。

下面再分享一个二战后军人的故事。

杰米·杜兰特是上一代的伟大艺人之一。他曾被邀参加一场慰问第二次世界大战退伍军人的演讲,但他告诉邀请单位自己行程很紧,连几分钟也抽不出来,不过假如让他作一段独白,然后马上离开赶赴另一场演讲的话,他愿意参加,安排演讲的负责人欣然同意。

当杰米走到台上,有趣的事发生了。他做完了独白,并没有立刻离开,掌声越来越响,他没有离去。他连续演讲了15分钟、20分钟、30分钟,最后,终于鞠躬下台,后台的人拦住他问道:"我以为你只讲几分钟哩!怎么回事?"

杰米回答:"我本打算离开,但我可以让你明白我为何留下,你自己看看第一排的观众便会明白。"

第一排坐着两个士兵,两人均在战争中失去一只手。一个人失去左手,另一个则失去右手。他们正在一起鼓掌,而且拍得又开心,又响亮。

不知大家读完这两则故事是否和我们一样,有一种心灵上的震撼。无论是那对又穷又丑的夫妇,还是失去了手的士兵,他们身上体现了一种对自己的热爱以及对生命的珍惜。这都来自于他们对生命的感激。

我们无法预料成功的次数,
但可以减少失败的几率

那么，如果我们还活着，如果我们还不是特别地穷困潦倒，如果我们还有健全的四肢，我们有什么理由不对生命充满感激呢？

人生快乐也是一辈子，痛苦也是一辈子，那我们为什么不让自己活得快乐、乐观一点儿呢？

生活中，人总是在追求最大的幸福，具体地说，是不断地提高自己的物质生活水平。

然而，太多的时候，生活并不是一帆风顺，事事如意。王子和公主的浪漫和幸福只是写在童话里的，那只是人们对美好生活的一种向往。

大部分人误以为金钱是幸福的象征。也许我们正羡慕着别人的洋房、洋车以及手里大把大把的钞票。

但太多的例子证明，钱并不能使人感到最大程度的幸福。我们可以用钱买来舒适的床铺，但买不来良好的睡眠。我们可以用钱买来高档的化妆品，但我们买不来美丽。我们可以用钱买来漂亮的房子，但我们买不来幸福的家。我们可以用钱买来昂贵的保健品，但买不来健康。

因此，我们无法用金钱买来幸福，幸福不是写在我们脸上的，而是自己从心底感觉到的。

有人曾说过，"人之所以幸福，是他的心灵感到幸福。"幸福其实很简单：它是家庭餐桌上的欢歌笑语；是我们生病时，亲友一句亲切的问候和祝福；是花前月下情人的牵手漫步；是和心爱的人白头到老。

幸福是一种感觉，它就藏匿在我们生活的空间中，是生活点点滴滴的汇聚。因此，每个人如果都知道乐观积极的态度可以使我们拥有幸福、希望、勇气和力量的话，就应该努力获取我们真正想要得到的东西。

Part 9

我们无法改变世界的浮躁，
但可以安放好淡定的内心

【6步教你回归心灵的宁静】

1. 拥有一颗平常心

做人要存一片素心。这种素心是一种平常心。无论身处何地，都会保持平淡。

明朝末年，国家衰败，很多地方都困苦不堪，陕北农民尤其困苦，不但遭受到了严重的灾荒，官府还不顾百姓的死活催逼交粮纳赋。最后走投无路的农民忍无可忍，纷纷起义。此时李自成也揭竿而起，率领自己的军队去投奔"闯王"高迎祥。由于李自成有勇有谋，屡建战功，受到了高迎祥的器重。

没过几年，高迎祥被杀，李自成被部将拥戴为"闯王"。前期起义军到处碰壁，在潼关更是遭到官军伏击，损失惨重。李自成仅带领18骑突围，在商洛山的崇山峻岭之中藏身。过了几年，他重新积蓄了力量，率领军队进入河南。当时河南大旱，天灾连连，李自成便顺应民心地提出了"均田免粮"的口号，得到了农民的支持。当时有首歌谣是这样唱的："吃他娘，穿他娘，吃穿不尽有闯王，不当差，不纳粮。杀牛羊，备酒浆，开了城门迎闯王，闯王来时不纳粮。"可见当时李自成的政策是多么受欢迎。很快李自成的部队就发展壮大起来，达到了百万之众，一跃成为明末起义军的主力。后来李自成在襄阳建立了政权，被称为新顺王。不久在汝州大败官军，乘胜进占西安。然后李自成又建立了大顺政权。实力壮大的他立即率军攻入北京，明朝的最后一个皇帝崇祯最后只得自缢身亡，明朝被彻底推翻。

我们无法改变世界的浮躁，
但可以安放好淡定的内心

到了北京以后，李自成十分骄傲自满，失去了应有的警惕。他对将领和士兵奸淫掳掠的事情十分放纵，自己也坐在龙椅上沾沾自喜。出于一种天然的仇恨，农民军勒令明朝旧官员将自己的家产作为起义军的军饷，李自成的大将刘宗敏主持这件事情。正是这个刘宗敏在向吴三桂父亲吴襄追讨家产时，发现吴三桂最宠爱的歌女陈圆圆十分貌美，便强行抢来据为己有。但他没有想到，吴三桂当时是明朝的总兵，正率领明军驻扎在山海关一线，此时农民军要想站稳脚跟，必须倚仗吴三桂的力量。吴三桂当时原有投降李自成的打算，后来听说自己的父亲被抓，家产也被抄夺，甚至连自己的宠姬也保护不了，于是十分愤怒，命令手下的将领全部换上白衣白甲，为思宗皇帝朱由检戴孝，同时还和清王朝的摄政王多尔衮接洽，请求清军给予支援。后来在山海关，农民军惨遭失败，李自成只好退出北京，四处转战，最后死在地主武装手中。

李自成的失败也可以归咎于他无法保持一颗平常心。李自成当初进入河南时能够提出"均田免粮"的口号，深受老百姓欢迎，而且他能够约束下属，制止他们四处抢掠，这也使得李自成深得民心。但是进入北京以后，李自成认为江山稳固，可以安稳坐天下了，便放松了对自己和将士的要求。他骄傲了，认为可以君临天下，原明朝的将领应该向他投降，毕竟他已经占领了都城。他也确实派人去向吴三桂等人招降，然而在招降的过程中，他又放纵将士在北京城肆意妄为，最后伤了吴三桂的父亲，夺了吴三桂的爱妾，为自己的失败留下了伏笔。

人一定要有一颗平常心，一旦骄傲，灾祸就会降临。有人认为谦虚的人往往是弱者，这是大错特错的。人必须学会谦虚。往往不会谦虚的人才是弱者，而强者一般都是非常谦虚的。

《尚书·大禹谟》说："满招损，谦受益。"这已被人们奉为至理名言。桃李不言，下自成蹊，谦虚的人最终会得众人的肯定的。拥有平常心的人是懂得谦虚的。

2. 平静是福

钱钟书先生说："世界就像个围城，城里的人往外挤，城外的人往里挤。"生活中的确如此，身居繁华都市的人，往往追求寂寞平静的田园生活；而身在林深竹海的乡下人，却又很是向往灯红酒绿的都市生活。

其实，平静是福，真正生活在喧嚣吵闹的都市中的人们，可能更懂得平静的弥足珍贵。与平静的生活相比，追逐名利的生活是多么不值得一提啊！平静的生活是在真理的海洋中，在波涛之下，不受风暴的侵扰，保持心灵永恒的安宁。

心灵的平静是智慧的美丽珍宝，它来自于长期、耐心的自我控制。心灵的安宁意味着一种成熟的经历以及对于事物规律的不同寻常的了解。

人人向往平静，然而，生活的海洋里因为有名誉、金钱、房子等在兴风作浪而难得宁静。许多人整日被自己的欲望所驱使，好像胸中燃烧着熊熊烈火一样。一旦受到挫折，一旦得不到满足，便好似掉入寒冷的冰窖中一般。生命如此大喜大悲，哪里有平静可言？人们因为毫无节制的狂热而骚动不安，因为不加控制欲望而浮沉波动。只有明智之人，才能够控制和引导自己的思想与行为，才能够控制心灵所经历的风风雨雨。

是的，环境影响心态，快节奏的生活，无节制的对环境的污染和破坏，以及令人难以承受的噪声等等都让人难以平静，环境的搅拌机随时都在把人们心中的平静撕个粉碎，让人遭受浮躁、烦恼之苦。然而，生命的本身是宁静的，只有内心不为外物所惑，不为环境所扰，才能做到

我们无法改变世界的浮躁，
但可以安放好淡定的内心

像陶渊明那样身在闹市而无车马之喧，正所谓"心远地自偏"。

一个人如果能丢开杂念，就能在喧闹的环境中体会到内心的平静。

有一个小和尚，每次坐禅时都幻觉有一只大蜘蛛在他眼前织网，无论怎么赶都不走，他只好求助于师父。师父就让他坐禅时拿一支笔，等蜘蛛来了就在它身上画个记号，看它来自何方。小和尚照师父交代的去做，当蜘蛛来时他就在它身上画了个圆圈，蜘蛛走后，他便安然入定了。

当小和尚做完功一看，却发现那个圆圈在自己的肚子上。原来困扰小和尚的不是蜘蛛，而是他自己，蜘蛛就在他心里，因为他心不静，所以才感到难以入定，正像佛家所说："心地不空，不空所以不灵。"

平静是一种心态，是生命盛开的鲜花，是灵魂成熟的果实。平静在心，在于修身养性，平静无处不在，只要有一颗平静之心。追求平静者，便能心胸开阔，不被诱惑，坦荡自然。

3. 知足者，快乐永相随

有个人因生意失败，不但花光了自己所有的积蓄，还欠了一屁股债。他像只斗败的公鸡，失去了生活的勇气和信心，终日陷入心烦意乱和无尽的忧虑中。可是一次偶遇改变了这一切。

一天，他在街上走着的时候，看到迎面过来一个没有双腿的人，那个人坐在一块小木板上，木板装在有四个轮子的溜冰鞋上，那个人的两手各拿着一块木板在地面上支撑滑动前进。过了街，那个人把自己抬高几英寸以越过马路到达人行道。当那个人费力地抬高自己身下的木板时，看见了这个失意的人，并向他粲然一笑。"早上好，先生！今天天气不错。"那个人的声音里充满了活力。这个失意的人看着他，不禁感叹自己是多么富有。和那个人比，自己至少还有两条腿可以走路，那一刻，他禁不住对自己的消沉感到羞耻。他告诉自己，一个失去了双腿的人还能这么开心、快乐并充满自信，而自己还有健康的双腿，为什么不能做到快乐自信？他顿时觉得信心十足起来。本来他只想着试试看能不能再找个工作，但现在，他有信心宣布自己要去找个工作。结果，他如愿以偿。

这个人回去后郑重地在自己的书房里挂上一幅字：我正在因为没有鞋而难过，直到我遇见一个没有双脚的人。

现在这个人又重新有了自己的公司，他每天都很快乐地去做事情。他这副快乐的好形象，赢得了下属和周围人的喜爱，人们都乐意帮助他，因此他的公司发展得红红火火。

我们无法改变世界的浮躁，
但可以安放好淡定的内心

快乐是很简单的事,能活着本身就是一件值得快乐的事!生活中也要学会简单的快乐。

快乐把人们的忧郁、悲哀、烦闷、焦虑等全部驱逐出去,恰如太阳赶走黑暗一样。当面前站着一个快乐的人时,所有的谈话都变得活泼而生动,整个氛围都颤动着愉快和亲切的喜乐。快乐会给你健康的形象,同时快乐也是简单的。

快乐是健康的一剂良药,当你的精神振奋、心境开阔时,人生便也有了新的意义。适量的运动及休息,是心情愉悦的必要因素。根据统计资料,有些科学家对他们所谓的催眠剂做过实验。他们让那些疲倦和年老的人服用这些药物,帮助他们休息。结果发现:这些人的生理组织功能提升,寿命延长,疾病不见了,相对地,他们也重新获得新的活力和生命的乐趣。

所以,要获得人生深度的乐趣,首先要自己感觉愉快。而要感觉愉快,就必须好好对待自己的身体。

人们常说"知足者常乐",快乐是很简单的。大哲学家叔本华也说过:"我们很少注意我们所拥有的,却总是想自己没有得到的,甚至是不可企及的。这种态度实在是世上令人遗憾的情形之一。它给人们精神带来的灾难恐怕足以和所有的战争、疾病相抗衡。"

古希腊的伊壁鸠鲁说:"谁不知足,谁就不会幸福,即使他是世界的主宰也不例外。"只要每天想想自己拥有的老天赐予的诸多恩惠,你就应该抛却忧虑,意气风发地去迎接每一轮新的朝阳。

4. 人生要淡泊名利

前几天和朋友聊天，朋友说正为这一段时间老是做噩梦而痛苦。问及所梦内容，几乎全是为了一点私利而与别人纠缠不休，甚至大打出手的事。我便装作行家，为之解梦，劝他最近放下手中的生意，到处走走，躲一下"小人"，便可不再做噩梦。

朋友心中有事，自然不得清闲，即使在睡梦中也一样。而醒来时，更是驱赶此身，作无尽的追求。当时没有与朋友直言，其实真正的"小人"是他自己，是他自己白日里老是想着为了蝇头小利去与人纠缠，所以才梦里不得安宁。如果整天为名利所累，万事扰心，不得安宁，即便物质生活上锦衣玉食，但精神压力不能排解，也只能痛苦万千。

古语说："天下熙熙，皆为利来；天下攘攘，皆为利往。"利当然是社会发展最有效的润滑剂，但不可过于看重名利，过于为名利奔波。

随着商品经济的发展，我们每个人都生活在讲求效益的环境里，完全不言名利也是不可能的，但应正确对待名利，最好是"君子言利，取之有道；君子求名，名正言顺"。

当然，最好的活法还是淡泊名利。因为名字下头一张嘴，人要是出了名，就会招来嫉妒，受人白眼，遭到排挤，甚至有可能由此而种下祸根。

正如古语所说："木秀于林，风必摧之；堤高于岸，流必湍之；行高于人，从必非之。"而利字旁边一把刀，既会伤害自己，也可能伤害别人，小利既伤和气又碍大利。如果认为个人利益就是一切，便会丧失生

我们无法改变世界的浮躁，
但可以安放好淡定的内心

命中一切宝贵的东西。

　　人生待足何时足？名利是无止境的，只有适可而止，才能知足常乐。其实心是人的主宰，名利皆由心而起，心中名利之欲无休止地膨胀，人便不会有知足的时候。欲望就像与人同行，见到他人背有众多名利走在前面，便不肯停歇，而想背负更多的名利走在更前面，结果可能会在路的尽头累倒。知足者能看透名利的本质，心中能拿得起放得下，心境自然宽阔。

　　一个人如若以淡泊名利的人生态度来面对生活，他就更易于找到乐观的一面。但许多人口口声声说将名利看得很淡，甚至摆出一副厌恶名利的姿态，实际是心中无法摆脱掉名利的诱惑而作出自欺欺人的姿态，未忘名利，所以才时时挂在嘴边。好作讨厌名利之论的人，内心不会放下清高之名，这种人虽然较之在名利场中追逐的人高明，却未能尽忘名利。这些心口不一的人，实际上内心充满了矛盾，但名利本身并无过错，错在人为名利而起纷争，错在人为名利而忘却生命的本质，错在人为名利而伤情害义。如果能够做到心中怎么想，口中就怎么说，心口如一，本身已完全对名利不动心，自然能够不受名利的影响。那么不但自己活得轻松，与人交往也会很轻松了。

　　国学大师林语堂也曾经说过："满足的秘诀，在于知道如何享受自己所有的，并能驱除自己能力之外的物欲。"

5. 金钱不是生活的全部

在这个纷繁复杂的现代社会，金钱越来越攀居重要地位，金钱虽然不是万能的，但没有金钱却真的是万万不行的，没有它我们便无法吃饭、穿衣、出行……总之，没有它，日子便没法往下过。因此，聪明的现代人不顾一切地去赚钱。许多人认为只要赚到了足够的钱，便可以幸福快乐地享受人生了。

在市场经济中，金钱是市场的"通货"，其作用可谓神通广大，可以买到市场上出售的一切东西。于是便有人推崇"金钱万能论"，于是便有人不惜牺牲健康来换取金钱。金钱成了幸福的代名词。

虽然生活中离不开金钱，但钱多了就快乐吗？事实并非如此，如今许多人钱赚得越多，反而负担越重。因为，钱赚得越多，就花费越多，花费越多，就必须去赚更多的钱来支付更多的开销，也必须花更多时间去管理金钱和投资。金钱的诱惑是个巨大的无底洞，你永远也填不满，如果陷入其中，便只能活在追逐金钱的强大压力及追而不得的懊恼中，深深陷入而不能自拔。

在实际生活中，没有钱是不行的，如万一遭遇困厄，生活拮据，身患重病……我们总是那样渴望金钱，渴望它带给我们健康，渴望它让我们摆脱困境，渴望它给我们带来舒适生活。这一切，的确无可厚非。可是，一旦对金钱有过多的贪欲，把它当成生活唯一的目标，一旦心灵完全被金钱占据，那我们便永无安宁之日了，因为它会让我们丧失人格、

我们无法改变世界的浮躁，
但可以安放好淡定的内心

尊严、友情等，甚至为金钱葬送了自己的一生。当一个人被金钱所异化时，他是什么事情都干得出来的。某些人民的公仆，由于贪欲膨胀，会把国家的机密出卖，会把大笔的公款据为己有，甚至会侵吞国家划拨的救灾款……妙龄的女子，由于铜臭腐蚀了灵魂，会把名誉、贞操、廉耻统统扔掉，用肉体换取金钱，以至葬送了自己的青春。如果把金钱看作神圣的、万能的、第一位的东西时，人便丧失了生命中一切宝贵的东西，人生便毫无幸福可言，人便不能再称之为人。一个最后"穷"得只剩下金钱的人，一定活得很累、很乏味、很空虚。

其实，金钱不是我们生活的全部，生活中还有许多远比金钱更有意义的东西值得我们去追寻，比如爱情，比如友谊，比如健康……有句名言说得好："能用金钱买来的都不贵。"不要让金钱挡住我们的眼睛，不要让金钱成为套住我们心灵的枷锁。做一个洒脱的现代人吧！切记，金钱乃身外之物，生不带来，死不带去，如果连生命都丢了，金钱再多又有何用？

6. 现代人10大不良心态的调适方法

1. 虚荣

虚荣心就是以不适当的虚假方式来保护自己自尊心的一种心理状态，是为了取得荣誉和引起普遍注意而表现出来的一种不正常的社会情感。简单地说，虚荣心就是扭曲了的自尊心。

人为什么会产生虚荣心呢？这与人的需要有关。人类的需要有很多种，包括生理需要、安全需要、归属和爱的需要、尊重的需要、自我实现的需要等。一个人的需要超过了自己的担负能力，就会想通过不适当的手段来达到自尊心的满足，这就产生了虚荣心。虚荣者在虚荣心的驱使下，往往只追求面子上的好看，不顾现实条件，最后造成危害，有时甚至产生犯罪动机，带来非常严重的后果。虚荣者的内心其实是空虚的。他们表面的虚荣与内心的空虚总是不断地斗争：没有满足虚荣心之前，因为自己的现状不如他人而痛苦；满足虚荣心之后，又唯恐自己真相败露而受折磨。虚荣者的心灵总是痛苦的，完全不会有幸福可言。虚荣心男女都有，但总的说来，女性的虚荣心比男性强。有的少女甚至为了满足物质的追求而牺牲自己最宝贵的贞操，这是值得深思的。虚荣心带给女性的痛苦比男性大得多。

总之，虚荣心是要不得的，应当加以克服。

调适方法如下所示。

（1）提高自我认知。提高自我认知，正确认识自己的优缺点，分清

我们无法改变世界的浮躁，
但可以安放好淡定的内心

自尊心和虚荣心的界限。

(2) 做到自尊自重。诚实、正直是做人最起码的要求。我们绝不能为了一时的心理满足而丧失人格。只有做到自尊自重，才不至于在外界的干扰下失去人格。我们要珍惜自己的人格，崇尚高尚的人格可以使虚荣心没有抬头机会。

(3) 树立崇高理想，追求真善美。人应该追求内心的真实的美，不要贪图虚名；一个人若追求真善美，就不会通过不正当的手段来炫耀自己，就不会徒有虚名。很多人能在平凡的岗位上作出不平凡的成绩，就是因为有自己的理想。同时，要正确评价自己，既看到长处，又看到不足，时刻把实现理想作为主要的努力方向。

(4) 正确对待舆论。要正确对待舆论，正确看待他人的优越条件，不要影响自己的进步，而应该将其作为自己前进的动力。要通过自己的努力满足自己的需要。只有这样的自信和自强，才能不被虚荣心所驱使，成为一个高尚的人。

(5) 克服盲目攀比心理。横向地去跟他人比较，心理永远都无法平衡，会促使虚荣心越发强烈，一定要比就跟自己的过去比，看看各方面有没有进步。

2.空虚

空虚是指百无聊赖、闲散寂寞的消极心态，即人们常说的"没劲"，是心理不充实的表现。空虚心理其实是一种社会病，存在极为普遍。当社会失去精神支柱或社会价值多元化导致人们无所适从时，或者个人价值被抹杀时，就极易出现这种不良心理。

心理空虚的人不思进取，没有人生的奋斗目标，自然不会有奋斗的乐趣和成功的欢愉。他们无所事事或不愿事事，感到生活无聊、心灵空乏虚无、寂寞难忍。空虚者常常寻求刺激，比如抽烟、喝酒、赌博、闹事等，以此来排遣时间、摆脱心理寂寞。严重情况下，空虚者会偷盗、抢劫、奸淫等，走上犯罪道路。

人们通常是因为下述两种情景而空虚：第一，物质条件优越，没有生活忧虑。此类人习惯了满足与享受，看不到或懒得思考人生意义所在，没有也不想有积极的生活目的，从而整日安逸奢靡、无所事事、空虚度日。第二，人生目标不切实际，遭受现实打击。有的人心比天高，目标不切实际却又不屑追求，当目标无法实现时，感觉饱受挫折，心灵便虚无空荡，一蹶不振。

调适方法如下所示。

（1）社会认知要现实。社会既有积极的方面，又有消极的方面，要看主流发展方向，不能以偏概全，只看到消极面，而不求上进、萎靡不振，要接受现实、正视现实，并改造现实。

（2）要有一定的志向。有志向才会有追求和拼搏，才会体验到拼搏的乐趣和成就感，才会珍惜生命。但是要注意志向的现实性：志向太低了无需努力，也不会去努力；志向太高了难以实现，也无从奋斗，到头来仍然是没有成功，空虚度日。所以志向一定要与自身的实际能力相符合。

（3）要改变懒散习惯。因为懒散，不想有所追求，无所事事或不愿做事，就会胡思乱想、寻求消极刺激，自然会感觉空虚。因此，要在生活中消除不切实际的幻想，逐渐养成勤劳习惯，从劳作中获得乐趣，心灵才会充实而不空虚。

（4）要磨炼意志。通过磨炼意志提高战胜挫折的心理承受能力以及把握自己命运的能力。"不以物喜，不以己悲"，正确对待失误和挫折，在逆境中锻炼成长。

（5）要培养读书兴趣。读书能使空虚者从中获得智慧、汲取力量，空虚的心灵不断得到充实，摆脱狭隘经验的束缚，从而情绪高涨、精神饱满。要多读名人传记，以名人的奋斗史作为人生的楷模，确立"积极有为"的人生态度。

（6）要多与人交往。与人交往，相互启示、相互激励、相互帮助，心灵将受到熏陶和充实。但要注意，交际对象不能也是空虚者，这样的人只能使自己更加空虚，甚至造成不良的后果。

(7) 要积极参与社会实践，学习琴棋书画。在社会交往中能够拓展眼界，充实自己，而琴棋书画无疑是陶冶性情的最好方式。

3.自私

处处以自我为中心，无视社会道德、法律规范、良心风尚和他人感受及利益，不顾大局，只知道满足自己的各种私欲的人就是具有自私心理的人。自私者只讲索取，不讲奉献，争名夺利，甚至损人利己。自私是一种较为普遍的不良心理现象。严重地讲，自私是万恶之源，贪婪、嫉妒、报复、吝啬、虚荣等很多其他不良心理都是自私的衍生品。

自私是一种近似本能的欲望，处于一个人的心灵深处。自私心理潜藏较深，它的存在与表现便常常不为个人所意识到，有自私行为的人并非已经意识到他在干一种自私的事，相反他在侵占别人利益时往往心安理得，所以，我们可以将自私看作一种病态的社会心理。

各种复杂的原因造成了人的自私心理。缺乏满足个人需求的资源，是自私的本质原因。病态文化的沉积和社会控制不严，也是客观原因。个人的自我敏感性、价值取向与社会行为有着一定的内在联系。所谓自我敏感性，是指一个人关心他自己的问题，感到需要别人的帮助，以及的确得到别人的帮助后的心理感受。高度的自我敏感性可以外化为对他人的敏感性，即"人人为我，我为人人"，但也可能成为一种只顾自己的倾向。自私自利之人往往自我敏感性极高，以自我为中心，对社会及他人的依赖与索取性也高，但却缺乏责任感。

调适方法如下所示。

(1) 自我反省。依据社会公德与规范的客观标准，经常对自己的心态与行为进行自我观察，加强学习，更新观念，强化社会价值取向，总结改正错误的方式方法。

（2）回避性训练。凡下决心改正自私心态的人，只要意识到自私的念头或行为，就可用缚在手腕上的一根橡皮筋弹击自己促使自己纠正。

（3）多做一些利他行为，通过行为改变心态。

4.浮躁

浮躁是指轻浮、不安分、脾气大、见异思迁、做事无耐心、总想投机取巧、整天无所事事等不良情绪的体验。浮躁是一种普遍不良心理表现，主要特点有：心神不宁、焦躁不安、盲目冲动、爱冒险。

浮躁心理的产生有社会和个人两大方面的原因：从社会原因看，在竞争如此激烈的社会中，每个人都面临一个重新定位的问题，感到很难把握自己的未来。于是患得患失、焦躁不安、迫不及待等就不可避免地成为一种社会心态。从个人原因看，个人攀比是产生浮躁的直接原因。有的人较早获得成功，有的人却迟迟没有什么进步，于是攀比在所难免，往往造成浮躁心理。

浮躁使人失去对自我的准确定位，使人随波逐流、盲目行动，与我们所倡导的艰苦创业、脚踏实地、励精图治、公平竞争的精神相对立，对社会、国家和个人的发展极为有害，必须加以克服。

调适方法如下所示。

（1）做到知己知彼。比较是个体获得自我认识的重要方式，"有比较才有鉴别"，但比较要做到"知己知彼"，要从个人的能力、知识、技能等许多方面进行综合合理比较，既要看到长处也要看到短处，才不致产生心神不宁、无所适从的浮躁心态。

（2）遇事要善于思考。考虑问题应从现实出发，不能随波逐流，盲目崇尚拜金主义、个人主义、盲从主义等社会不良之风。站得高才能看得远。

（3）要有务实精神。做事要有开拓、创新、竞争的意识，更要有持之以恒、任劳任怨的务实精神。

5. 猜疑

猜疑心理是一种由主观推测而对他人产生不信任感的复杂情绪体验。猜疑心重的人往往整天疑心重重、无中生有，每每看到别人议论什么，就认为人家是在讲自己的坏话。猜忌成癖的人，往往捕风捉影，节外生枝，说三道四，挑起事端，其结果只能是自寻烦恼，害人害己。猜疑心理是人际关系的蛀虫，既损害正常的人际交往，也影响个人的身心健康。

猜疑心理的产生原因主要有以下四个方面：

第一，错误的思维定势。喜欢猜疑的人，总是以某一假想目标为起点，以自己的一套思维方式，依据自己的认识和理解程度进行循环思考。这种思考从假想目标开始，又回到假想目标上来，如蚕吐丝作茧，把自己包在里面，死死束缚住。

第二，相互间缺乏信任。一个人对别人越缺乏信任，产生猜疑心理的可能性也就越大。

第三，不良的心理品质。猜疑心理重的人通常也是狭隘自私、自尊心过强、嫉妒心强烈的人。

第四，受流言蜚语的影响。听信谣言，也会产生猜疑心理。

调适方法如下所示。

（1）培养理性，防止感情用事。猜疑者在消极的自我暗示心理下，会觉得自己的猜疑顺理成章、天衣无缝。"疑人偷斧"的故事就是很典型的例子。遇事保持冷静，多观察、分析和思考，克服"当局者迷"的认知误区，是消除猜疑的重要途径。

（2）培养自信心。每个人都应当看到自己的长处，相信自己会处理好人际关系，会给别人留下良好的印象。当我们充满信心地进行工作和生活时，就不用担心自己的行为，也不会随便怀疑别人是否会挑剔、为难自己。

（3）加强交流，拉近心理距离。了解是信任的基础，信任是感情的纽带和猜疑的坟墓。和他人之间应该加强交流、相互了解、相互信任，在情感上产生共鸣，才会有效地消除猜疑。

（4）完善个性品质。加强个性品质的改造，培养高尚的道德情操，净化心灵，拓宽胸怀，提高精神境界，冲破封闭思维的桎梏，排除不良个性品质的消极影响，可以有效消除猜疑。

（5）学会自我安慰。一个人在生活中，遭到别人的非议和流言，与他人产生误会，没有什么值得大惊小怪的。在一些生活细节上不必斤斤计较，可以"糊涂"些，这样就可以避免自己烦恼。如果觉得别人怀疑自己，应当安慰自己不必为别人的闲言碎语所纠缠，不要太在意别人的议论。

6.孤僻

孤僻心理是因缺乏与人的交流而产生的孤单、寂寞的情绪体验。孤僻的人一般为内向型性格，主要表现在不愿与他人接触、待人冷漠，对周围的人常有厌烦、鄙视或戒备心理，猜疑心较强，容易神经过敏，办事喜欢独来独往，但也免不了为孤独、寂寞和空虚所困扰。心理上的孤僻并不等于一个人独处。孤僻的人不管是置身于人群，还是独居一室，都同样孤僻和冷漠。

孤僻会使人产生挫折感、狂躁感，令人心灰意冷，严重的还会厌世轻生。

孤僻心理的产生原因有以下几点：

第一，青年期的心理特点，使孤僻心理在青年人中比较多见。青年人正处在生命发展过程中的准成熟状态，世界观和人生观刚开始建立，自认为已经长大成人，常常委屈地感到自己不被理解，有一种莫名其妙的孤独感。

第二，缺乏事业心。一个有强烈事业心的人，一般不会孤僻。

第三，性格特点。内向型性格的人容易孤僻，因为他们的自我中心观念比较强，内心深处有比较强烈的抗拒感，往往对外界事物和周围人群表现得很淡漠，喜欢把自己封闭在一个狭小的天地里。

第四，幼年的创伤经验。父母离婚、父母的粗暴对待、伙伴欺负等不良刺激，使儿童过早地接受了烦恼、忧虑、焦虑不安的不良情绪体验，会使他们产生消极心境，进而变得畏畏缩缩、自卑冷漠、过分敏感、不相信任何人，最终形成孤僻的性格。

第五，交往挫折。有些人缺乏必要的社会交际能力，在人际交往中遭到拒绝或打击，自尊心受到伤害，便把自己封闭起来。越不与人接触，社会交往能力就自然越得不到锻炼，结果就越孤僻。

调适方法如下所示。

（1）完善个性品质。孤寂封闭的性格，是在生活环境中反复强化逐渐形成的。具有自我封闭性格的人，兴趣狭窄、清高孤傲、难以融入集体。要努力克服孤傲的心理，增加心理透明度，以开放的心态主动与人交往，吸纳别人的长处，享受、体会人际交往的情意和欢乐。

（2）正确评价自己和他人。孤僻者一般不能正确地评价自己，要么总认为自己不如人，怕被别人讥讽、嘲笑、拒绝，从而把自己紧紧地包裹起来，保护着脆弱的自尊心；要么自命不凡，不屑于和别人交往。

孤僻者需要正确地认识别人和自己，多与别人交流思想、沟通感情，享受朋友间的友谊与温暖。还要正确认识孤僻的危害，敞开闭锁的心扉，追求人生的乐趣，摆脱孤僻烦扰。

（3）培养健康情趣。健康的生活情趣可以有效消除孤僻心理。利用闲暇潜心钻研一门学问，或学习一项才艺，或写写日记、听听音乐、练练书法，或种草养花养宠物等，都有利于消除孤僻。

（4）学习交往技巧。看一些交往书籍，学习交往技巧，同时多参加正当、良好的交往活动，在活动中逐步培养自己开朗的性格。要敢于与别人交往，虚心听取别人的意见，同时要有与任何人成为朋友的愿望。这样，在每一次交往中都可能会有所收获，纠正了认识上的偏差、丰富了知识经验、获得了友谊、愉悦了身心，会重塑你在大家心目中的形象。可以先从结交一个性格开朗、志趣高雅的朋友开始，处处跟着他学，并请他多多提携。

（5）树立坚定的事业心和奋斗目标。一个有所爱、有所追求的人，不会孤寂；一个为事业忙碌的人，也不会孤僻。因此，要树立坚定的事业心和奋斗目标，为之努力拼搏，孤僻自然会被热情所埋没。

7.完美主义

追求完美其实是一种普遍的心态，也不能说是错误的。但凡事有个度，如果追求完美过于执著、不懂得变通，就成了完美主义者，他们将承受巨大的心理压力。

完美主义者在日常生活中通常有如下的表现：

第一，不愿冒险，生怕任何微小的瑕疵损害自己的形象。

第二，不能尝试任何新的东西。

第三，神经紧张得连一般工作都不能胜任。

第四，因为担心有些事情还不完善，寝食不安。

第五，对自己诸多苛求，毫无生活乐趣。

第六，对别人吹毛求疵，人际关系糟糕。

心理学研究证明，完美主义者与他们可能获得成功的机会恰恰成反比。开始的时候，他们担心失败、辗转不安，于是妨碍了全力以赴去取得成功的好时机；遭到失败之后，他们就异常焦虑、沮丧和压抑，想尽快从失败的境遇中逃避开去，但他们并没有真正在失败中总结教训，想的只是如何避免尴尬。完美主义者背负着如此沉重的精神包袱，如何能取得事业上的成功？而且，他们往往在家庭、人际关系等方面也很不如意。

调适方法如下所示。

（1）接受"瑕疵"。没有"瑕疵"的事物是不存在的，盲目地追求一个虚幻的境界只能是劳而无功。生活绝不可能一帆风顺，遇到挫折和处于低谷时，自信和乐观尤为重要，切不可自暴自弃。学会换个角度看问题，正因为生活中有让你感到沮丧、绝望的问题，你才会付出更多努力，才更懂得珍惜所得到的。人只有经受住失败才能达到成功的巅峰，不要为了一件事未做到尽善尽美的程度就自怨自艾。

（2）正确认知自我。既不要把自己的能力估计得太高，更不必过于自卑。如果事事要求完美，这将成为你做事的障碍。要在自己的长处上培养起自尊、自豪和工作兴趣，不要在自己的短处上去与人竞争。

（3）不要对自己太苛刻，不要为了让周围每一个人都对你满意而处处谨小慎微，要有点"我行我素"的气魄，做事只要对得起自己的努力和良心就足矣。不要太在意他人对自己的评价，否则，遇到挫折就可能导致身心疲惫。

（4）设定短期合理目标。实际上，当你不追求完美，而只是希望表现良好时，往往会出乎意料地取得最佳成绩。寻找一件自己完全有能力做好的事，然后去把它做好。这样你的心情就会轻松自然，行事也会较有信心，也会感到自己更有创造力和更有成效。你的生活也会因此而丰实起来，变得富有色彩。

（5）学会放松和排解不快情绪。情绪的过分紧张和焦虑，会影响一个人解决问题的能力；而生活中常常会遇到一些始料不及的事，应学会调节自己的情绪，保持生活的规律和睡眠的充足，以饱满的精神状态面对并解决问题。学会以倾诉和寻求帮助来排解不愉快，生活中绝大多数人都有一颗助人为乐的心，找一个听你诉苦的朋友不会是太难的事。

8. 嫉妒

所谓嫉妒，一般是指个人在意识到自己对某种利益的（潜在）占有受到（潜在）威胁时产生的一种情绪体验。嫉妒心理总是与不满、怨恨、烦恼、恐惧等消极情绪联系在一起，从而构成嫉妒心理的独特情绪。不同的嫉妒心理有不同的嫉妒内容，在名誉、地位、钱财、爱情四个方面表现得尤为突出。还有的嫉妒者，只要是别人所有的，都在其嫉妒之内。

嫉妒心理有以下几个具体特征：进攻性：古希腊斯葛多派的哲学家认

为："嫉妒是对别人幸运的一种烦恼。"嫉妒心理的攻击目的在于颠倒被攻击者的形象。指向性：嫉妒心理的指向性往往产生于同一时代、同一部门的同一水平的人中间，因为曾经"平起平坐"或"不如自己"，如今超过了自己，于是产生抵触和对抗。发泄性：大多数嫉妒者都伴随着发泄性行为。如言语上的冷嘲热讽、行为上的冷淡、身体攻击等。伪装性：嫉妒心理被大多数人所不齿，使嫉妒者千方百计地伪装，企图使人不易察觉。

嫉妒其实是人类的一种普遍情绪，关键在于你怎样处理。轻微的嫉妒使人意识到一种压力，产生一种向他人学习并超越的动力，促使人去拼搏、奋进。我们应该将嫉妒的消极心理转为竞争的积极心理，以自己之优势胜过对方之劣势。但是，如果面对嫉妒导致的焦虑和敌意，觉得别人使自己难堪，由此而产生痛苦，甚至向他人发出攻击性的言行，就会成为个人成长和人际交往中的障碍，严重者还会导致人间悲剧。

调适方法如下所示。

（1）充分认识嫉妒心理的危害性。嫉妒是社会生活的腐蚀剂，腐蚀人的品质，损害人的事业、形象和身心健康。要克服偏激，增强自信，待人力求不受个人心境、情绪的干扰。

（2）调整自我价值的确认方式。简单地与别人比较往往会导致片面的看法。研究表明，自我价值确认越是倾向于社会标准（通过周围人、社会流行观念等），就越容易引发嫉妒；越是以自己的思考、内在的准则为参照，就越会减少嫉妒。能够体现出个人价值的方面很多，而每个人的优势和劣势又不尽相同。所以，用统一的标准衡量人的价值是不准确的。人生更重要的事是不断超越自己，而不是超过别人。

（3）"想开些"。人生总有不如意之事，所谓"人人都有难过的事"。如果正处在愤怒、兴奋或消极的状态下，尽量较平静、客观地面对现实，就可以达到克服嫉妒的目标。

（4）自我驱除。嫉妒是一种突出自我的表现。无论什么事，首先考

虑到的是自身的得失，因而引起一系列的不良后果。若出现嫉妒苗头时，即开始自我约束，摆正自身位置，努力驱除嫉妒心态，可能就会变得"心底无私天地宽"了。

（5）学会如何消解别人的嫉妒心。在与人交往时，尤其在不如意者和不如自己的人面前，应采取谦虚谨慎的态度，不要经常去谈自己得意的事情，也不要过分夸大自己的成绩；应有意识地暴露自己的一些不足和苦恼，避免激起他人心理失衡，以赢得更多的朋友。

9.狭隘

狭隘是一种心胸狭窄、气量狭小的心理和人格缺陷。狭隘者常常表现为：吝啬小气，斤斤计较，吃不得亏，会想方设法弥补"损失"；不能容忍他人的批评，不能受到一点委屈和无意的伤害，否则便耿耿于怀、伺机报复；人际交往面窄，追求少数朋友间的"哥们义气"，只同与自己类似或不超过自己的人交往，容不下那些与自己意见有分歧或比自己强的人。

形成狭隘心理的原因包括：

第一，家庭因素。家庭不良因素的影响与狭隘的产生有很大关系，如有些人的狭隘心理完全是父母的翻版。另外，优越的生活环境、溺爱的教育方法往往使子女任性、骄傲、自私，受不了半点委屈，容不下"异己"分子，十分狭隘。

第二，认识水平。有些人阅历浅、经验少，容易把事情想得过于困难、复杂，加之对自己的能力估计不足，对事情感到无能为力，因此容易紧张、焦虑、心胸狭隘。

心胸狭隘有百害而无一利，必须加以克服。

调适方法如下所示。

（1）树立正确的人生观，确定一个积极的生活目标。人活在世，如何才能体现自己的价值？要充分地挖掘生命的潜能，为社会做贡献，给后人留下点有价值的东西。当一个人把眼光放在大事上，为自己确立了一个积极的生活目标时，他就不会计较一时的得失，眼光就从狭隘的个人圈子里放出去了。抛开"自我中心"，就不会遇事斤斤计较，"心底无私"才能"天地宽"。

（2）正确处理人际关系。要培养集体主义精神和高尚的情感，进行正当的人际交往。与人相处应热情、直率，善于团结互助，融"小我"于"大我"之中。交往的增多，可加深彼此了解与沟通，更透彻地了解别人与自己，开阔心胸。如果认识不到这一点，不愿结交意见相悖或强于自己的人，那你永远只能在你的小圈子中徘徊。

（3）积极应对挫折。人生在世，困难挫折在所难免，痛哭流涕时有发生。一味的焦虑、忧愁解决不了问题，而且对身心健康有害。我们要学会以解决问题的方式积极应对挫折：遇到挫折，应冷静分析原因，想想应该如何解决，选择最好的方法，然后制订计划贯彻执行。如此，你就会在行动中感到自己的进步，何来时间伤心悲叹？

（4）丰富业余文化生活。拓宽兴趣范围，多参加各种文娱、体育活动，使自己时刻感受到生活、学习中的新鲜刺激，感受到生活的美好，从而在健康向上的氛围中增强精神寄托，消除心理压力。

开阔视野，拓宽心胸。在闲暇时，不妨走出校园、家门，到大自然中去领略它的博大、美丽，大自然会让你感到自己的渺小。培养豪迈气概，有利于走出狭隘的内心世界。

10.病态怀旧

怀旧是一种常见的心理现象，一个人适当怀旧是正常的，也是必要的，比如思念故乡、故人的怀旧，"抬头望明月，低头思故乡""月是故乡明"等，能激发人的爱国热情；回忆过去的美好经历，可以使人心情舒畅。但是，如果因为怀旧而否定现在和将来，生活在今天，而志趣却滞留在昨日，一言一行与现实生活格格不入，就成了病态怀旧。病态怀旧心理通常是不能适应环境的表现和结果。

病态怀旧心理有很明显的症状：第一，沉溺于对过去的追忆。依恋过去的事情、友人或恋人以及经历，不厌其烦地重复述说，将过多的时间放在追忆上，以至于严重地影响了正常的生活。第二，对现状不满。第三，追忆持续的时间相对较长，一般反复出现的时间频率较高。

病态怀旧心理往往是由不适应现实造成的，而他们又不肯承认根源在于自己，而是将挫折合理化，把原因和责任全推给环境或变化。但这样会造成更大的挫折和不适应，继续强化怀旧心理，逐步扩大与环境、条件或事物的隔阂。

根据怀旧对象的不同，可以将怀旧分为五类：能力怀旧、经历怀旧、社交怀旧、物品怀旧、环境怀旧。社会怀旧是环境怀旧的一种。病态的社会怀旧是由于社会的变迁、价值观的改变以及个人的失落感引起的异常心理，主要表现在：对社会抱有偏见，对过去的东西夸大美化，对现在的一切只看到不好的一面，不能客观评价。

有病态怀旧心理的人很难与时代同步，这有碍于他们自身的进步与发展，应进行适当的调节。

调适方法如下所示。

（1）增强自信和心理承受力。消除不适应，是治疗的关键所在。让病态怀旧者知道此心理疾病的危害，要求其积极接受治疗；让其保持适度的紧张，不得逃避；树立期望，建立信心；获得家庭的支持、提醒；教给他们适应的方法，通过对适应技巧的学习可以迅速填补空白，逐步改变观念；将治疗计划明确写在纸上，在治疗过程中严格遵循计划。

（2）积极参与现实生活。积极获取社会信息、参与改革的实践活动，了解并接受新生事物，学会从历史的高度看问题，顺应时代潮流。

（3）寻找最佳突破口。立即接受一个新鲜事物是有困难的，不妨在新旧事物之间寻找一个最佳突破口。

Part 10

这世界你总能找到一种适合自己的活法

【2步教你懂得适者才可生存】

1. 人生要顺其自然

《淮南子》中曾有这样一个故事：

有一位住在长城边的老翁养了一群马，其中有一匹马忽然不见了，家人们都非常伤心，邻居们也都赶来安慰他，而他却无一点悲伤的情绪，反而对家人及邻居们说："你们怎么知道这不是件好事呢？"众人惊愕之中都认为是老人因失马而伤心过度，在说胡话，便一笑了之。

可事隔不久，当大家渐渐淡忘了这件事时，老翁家丢失的那匹马竟然又自己回来了，而且还带来了一匹漂亮的马，家人喜不自禁，邻居们惊奇之余亦很羡慕，都纷纷前来道贺。而老翁却无半点高兴之意，反而忧心忡忡地对众人说："唉，谁知道这会不会是件坏事呢？"大家听了都笑了起来，都以为是把老头给乐疯了。

果然不出老头所料，事过不久，老翁的儿子便在骑那匹马时摔断了腿。家人们都挺难过，邻居也前来看望，唯有老翁显得不以为然而且还似乎有点得意之色，众人很是不解，问他何故，老翁却笑着答道："这又怎么知道不是件好事呢？"众人不知所云。

事过不久，战争爆发，所有的青壮年都被强行征集入伍，而战争相当残酷，前去当兵的乡亲，十有八九都在战争中送了命，而老翁的儿子却因为腿跛而未被征用，也因此幸免于难，故而能与家人相依为命，平安地生活在一起。

这个故事便是"塞翁失马，焉知非福"的出处。老翁高明之处便在于明白"祸兮福所倚，福兮祸所伏"的道理，能够做到任何事情都能想得开，看得透，顺其自然。顺其自然是一种处世哲学，而且是一种很好的、很受用的处世哲学。

顺其自然是最好的活法，不抱怨，不叹息，不堕落，胜不骄，败不馁，只管奋力前行，只管走属于自己的路。中国有句俗话叫做"谋事在人，成事在天"，而这种"成事在天"便是一种顺其自然。只要自己努力了，问心无愧便知足了，不奢望太多，也不失望。

顺其自然不是随波逐流，放任自流，而是应该坚持正常的学习和生活，做自己应该做的事情，弄明白自己的人生方向后踏实地顺着这条路走下去。有人曾经问游泳教练："在大江大河中遇到旋涡怎么办？"教练答道："不要害怕。只要沉住气，顺着旋涡的自转方向奋力游出便可转危为安。"顺其自然也是如此，它不是逆流而动，也不是无所作为，而是按正确的方向去奋斗。

顺其自然不是宿命论，而是在遵守自然规律的前提下积极探索；顺其自然不是不作为，而是有所为，有所不为。

人生如同一艘在大海中航行的帆船，偶遇风暴是无法改变的事实，只有顺其自然，学会适应，才能战胜困难。现实生活中我们应该学会顺其自然，学会到什么山唱什么歌。

2. 接受不可避免的事实

生命并不是一帆风顺的幸福之旅，而是时时在幸与不幸、沉与浮、光明与黑暗之间的模式里摆动。面对种种的不幸，只有一个方法——接受它。心理学家、哲学家威廉·詹姆斯提出忠告："要乐于接受必然发生的情况。接受所发生的事实，是克服随之而来的任何不幸的第一步。"在漫长的岁月中，你我一定会碰到一些令人不快的情况，我们也可以有所选择——我们可以把它们当做一种不可避免的情况加以接受，并且适应它，否则我们可能用忧虑来毁了我们的生活，甚至最后可能会被弄得精神崩溃。

在你刚刚受到打击的时候，整个世界似乎停止了运行，而我们的苦难也似乎永无止境。当我们的生活被不幸的遭遇分割得支离破碎的时候，只有时间可以把这些碎片捡拾起来，并重新抚平创伤。我们要给时间一个机会。

这不是说，在碰到任何挫折的时候，都应该低声下气，那样就成为宿命论者了。不论在哪一种情况下，只要还有一点挽救的机会，我们就要奋斗。但是当普通常识告诉我们，事情是不可避免的——也不可能再有任何转机时，我们就应该保持理智，不要"庸人自扰"。

Part 11

抬高自己别人会低看你，
放低自己别人会高看你

【6步教你低调做人高调处世】

1. 低下你那高傲的头

在生活中，一个无法回避的事实是，每一个人的能耐总是十分有限，没有一个人样样精通，所以，人人都可能在某些方面成为我们的老师。当自以为拥有一些才艺时，你要记住，你还十分欠缺，而且会永远欠缺。正所谓学业有先后，术业有专攻。一定不要自命清高，狂傲自负，不然，成功将与你无缘。

自负的人通常是相当自恃、有野心和难以相处的，而且对自己的成就感到相当的骄傲，尽管他们表现得很有自信，但是他们仍然会对形势估计不足而犯下大错。一个骄傲自负的人常会认为，世界上如果没有了他，人们就不知该怎么办了。殊不知，天外有天，人外有人，这个世界离了谁地球都照样转。这样的人总免不了失败的命运，因为骄傲，他们就失去了为人处世的准绳，结果总是在骄傲里毁灭了自己，就像东汉的祢衡。

祢衡很有才华，但性情高傲，总是看不起别人。当时，许都是新建的京城，贤人达士从四面八方向这里汇集。有人向祢衡说："你何不去许都，同名人陈长文、司马伯达结交呀？"祢衡说："我怎么能去同卖肉打酒的小伙计们混在一起呢？"又有人问他："荀文若、越稚长将军又怎么样呢？"祢衡说："荀文若外貌长得还可以，让他替人吊丧还行；越稚长嘛，肚子大，很能吃，可以让他去监厨请客。"

祢衡和鲁国公孔融及杨修比较友好，常常称赞他们，但那称赞却也

抬高自己别人会低看你，
放低自己别人会高看你

傲得可以："大儿孔文举，小儿杨祖德，其余的都是庸碌之辈，不值一提。"祢衡称孔融为大儿，其实他比孔融小了将近一半的年龄。

孔融很器重祢衡之才，除了上表向朝廷推荐之外，还多次在曹操面前夸奖他。于是曹操便很想见见祢衡，但祢衡自称有狂疾，不但不肯去见曹操，反而说了许多难听的话。曹操十分恼怒，但念他颇有才气，又不愿贸然杀他。但后来，祢衡屡次侮辱曹操以及其手下的官员，最终被杀。

有一个成语叫"虚怀若谷"，意思是说，胸怀要像山谷一样虚空。这是形容谦虚的一种很恰当的说法。只有空，我们才能容得下东西，而自满，除了我们自己之外，容不下任何东西。

有一个自以为是的暴发户，去拜访一位大师，请教修身养性的方法。

但是打从一开始，这人就滔滔不绝地说个没完。大师在旁边一句话也插不上，于是只好不断地为他倒茶。只见杯中的水已经注满了，可是大师仍然继续倒水。

这人见状，急忙说："大师，杯子的水已经满了，为什么还要继续呢？"

这时大师看着他，徐徐说道："你就像这个杯子，被自我完全充满了，若不先倒空自己，怎么能悟道呢？"

生活之中，我们常常不自觉地变作一个注满水的杯子，容不下其他的东西。因而，学会把自己的意念先放下来，以虚心的态度去倾听和学习，我们会发现大师就在眼前。

2. 低调做人不张扬

关于如何做人，有一本书写道：过于张扬，烈日会使草木枯萎；过于张扬，滔滔江水将会决堤；过于张扬，好人也会变得疯狂；疯狂就会使人跌入万丈深渊。细细想来真是这样，做人不要太张扬。太张扬的人容易招人嫉妒，招人白眼，甚至会在不知不觉中引来不必要的麻烦。

姜太公因为功高，周王把齐国封给了他。齐国有一个叫华士的人，为人十分清高，不向天子称臣，也不与诸侯交往。太公命人去召他为国效力，连去了三次，华士都拒绝了，太公便叫人杀了他。周公问姜太公："华士是齐国的杰出人物，你怎么杀了他呢？"太公说："这个人不向天子称臣，不与诸侯交往，难道我还能希望他向我称臣，并且和我友好交往吗？肯定是不可能的，这种人是可以放弃的人，也是自我放纵的人。如果不杀这种人，反而纵容他，那么全国的民众都会仿效他，谁还会知道君王是谁呢？"

少正卯和孔子是同一个时代的人，孔子的门人三盈三虚，都是少正卯在蛊惑。孔子当了大司寇以后，便立即诛杀了少正卯。子贡对孔子说："少正卯是鲁国十分有名的人物，先生却杀了他，先生不觉得有些不妥吗？"孔子说："没有什么不妥的，人有五恶，只要得其一，君子就要诛杀之，而少正卯却是五恶兼而有之，是小人中的小人，所以不得不杀。"

华士和少正卯之所以被杀，最主要的原因是为人高调，喜欢孤芳自赏，自命清高。姜太公和孔子杀了这两个人并没有掩盖他们自己的光辉，

抬高自己别人会低看你，
放低自己别人会高看你

反而使得他们的形象更加高大，后人称赞两人做事有魄力。而华士和少正卯两个人却逐渐被人遗忘，几乎没有人同情他们。

不要高调，无论是做人还是做事。如果为人高调，又和别人私人关系较好，或许别人会在一段时间内纵容你，但心中已不愉快了，迟早会招来祸患。如果为人高调，又喜欢标新立异，自诩不和别人"同流合污"，那么肯定也不能和别人相处长久，而且过得不会愉快。

为人高调很难找到朋友。虽然大多数人喜欢和比自己聪明优秀的人交朋友，但是人们不喜欢和显得比自己聪明优秀的人交朋友，两者并不矛盾。比自己聪明优秀是自己由衷钦佩的，而显得比自己聪明优秀其实是并不心悦诚服的。正如一位哲人说，如果你想多一些朋友，就表现得比别人笨一些；如果你想多一些敌人，就尽可能地表现比别人聪明些。为人高调的人是表现得比别人聪明的人，是很难交到很多朋友的。

3. 韬光养晦，大智若愚

在时势未到的时候，人一定要学会韬光养晦，待时而动。例如，那些很是贫穷的人家要将地都打扫得干干净净的，而那些穷人家的女儿也要把头梳得整整齐齐，这样的话，虽然并没有十分奢华的陈设和美丽的装饰，但是却能透露出一股自然朴实的风雅。其实对于有才的君子来说，绝对不应该为了一时的穷困忧愁或者际遇不佳而自暴自弃。

人要明白对于自己来说最重要的是什么，绝对不是奢华的陈设和美丽的装饰，而是自己的生存根本。一个人要牢牢掌握自己的生存之本，有了它，就不用担心自己将来没有发展。

"青梅煮酒论英雄"是历史上最为著名的韬光养晦的故事。

曹操灭掉吕布以后，把刘备也带回了许都。刘备为防受害，每天以种菜度日。

不久，许田围猎，曹操过于猖狂，居然挡在皇上面前接受群臣对陛下的称颂。关羽动了杀机，刘备急忙制止。刘备隐隐感觉到有事情会发生。

果然没有过多少日，曹操便派了一大队人来请刘备过府。刘备心里十分惶恐。一见曹操，曹操便冷言对他说："看你在家做的好事！"刘备大惊。幸亏曹操随即说："你在家种菜园不容易吧！"刘备这才放宽了心。曹操就是这种人，生性多疑，喜欢诈人，在平时的言语中这种性格也表现得淋漓尽致。幸亏刘备反应有点迟钝，而曹操也把刘备当为上宾，不想让他尴尬。

曹操邀刘备过府是请他喝酒的。曹操很久没有见过刘备了，探子回报说刘备在家种菜园，他不信。世人都说刘备是何等英雄，怎么会甘于去种菜园呢？正好府中梅子青青，于是决定以青梅煮酒来请刘备过府一聚。刘备得知原来是喝酒，心便宽了许多。

曹操想了想，没有多少话题可说，总不能老提人家吕布吧，吕布都已经是陈年往事了，不提也罢，而且提到吕布会让刘备想起徐州，好不容易他自甘堕落在家种菜园，让他想起徐州来干什么？于是就决定和刘备论一下天下英雄，也正好借这个机会看一下刘备是否真的沦落为种菜农人。

当曹操说到"天下英雄只有你和我"时，刘备吓了一跳，筷子掉到了地上。正好这个时候有一个响雷打过，掩饰了他慌张的神情。曹操看了一眼刘备，很是不解。刘备慌忙解释说自己怕打雷。曹操没有多想，随口很轻蔑地说："大丈夫会怕打雷吗？"刘备谢天谢地，果然让曹操消除了对自己的疑虑。曹操像吞了只死苍蝇一样，对自己认定刘备是英雄感到好笑，这种人连打雷都害怕，怎么可能是英雄呢？真是好笑。世人对他的评价太高了，太虚了，他连刘表都不如。

刘备心里明白，自己并不怕打雷，而是不想让曹操知道自己有野心，因为刘备知道如果让曹操知道自己有野心，曹操会害怕的。曹操认为自己怕打雷无所谓，只要能够保住性命就行。

其实是英雄也罢，不是英雄也罢，在任何时候，最关键的还是要学会保护自己，要求得自身的安全，如果自己性命都丢了，还谈什么英雄，还平什么天下？

4. 懂得适时收敛光芒

清代著名诗人郑板桥曾经写过这样的话，"但愿生儿愚且鲁，无灾无难到公卿"。意思是希望自己的儿子不要显示得过于聪明，即便是很优秀，也希望他能够收敛光芒，这样可以尽量避免遭遇灾祸，做到很高的位置。

秦国攻打楚国的时候，王翦为大将，统帅全国所有的兵力。但是王翦大军出发没有多远，他就命令人回去找秦王嬴政讨封赏。部将们疑惑不解。王翦解释说，现在他率领的是秦国所有的兵力，秦王很难放心，如果秦王不放心，这场仗就很难打赢。向秦王讨封赏，秦王就会以为他是个有得失心的人，自然不会拿全国军队反戈一击，这样才能平定楚国。像王翦这样的大将遇到秦王嬴政这样雄才伟略的国君时，都不免要装作糊涂，可见要取得国君的信任有多难。当时朝廷中一定有人妒忌王翦，怕他得胜归来位置远远高于自己，必然会向秦王进谗言。这种情况下，如果王翦只是一味地以军事为重，不懂得周旋之道，可能就真的会出师未捷身先死了。

过于优秀的人容易遭到别人的嫉妒。而有嫉妒心的人是很容易发现别人的缺点的。更何况这个世界上没有完美的人，优点越突出，缺点也往往越突出。因此我们不要过于优秀。

过于优秀的人往往不能合群，因为大家不愿意和过于优秀聪明的人在一起，他们不仅没有欣赏的眼光，而且有一种自卑的心理。过于优秀的人往往会很孤单。试想，如果别人与我们相比处处不如我们，他自然不愿意和我们站在一起。这还没有算那些有嫉妒心的人，他们的破坏力更是惊人。

抬高自己别人会低看你，
放低自己别人会高看你

5. 学会主动示弱

马超是为人过刚的典型例子。作为三国中的骁将,他联合韩遂一起对曹操发动进攻,而且节节胜利。而曹操则利用马超过刚的弱点,用反间计来离间马超对韩遂的信任。马超过刚,他听不进别人的劝告,却听信了谗言,逼迫韩遂投降了曹操,使马超军队大败。后来马超又被杨阜算计,被屠了宗族。这都和马超为人过刚有很大关系。

如果一个人过分地沉浸在自己的世界里,过分地相信自己,过分地坚持自己做人的原则,就容易表现得过刚,自然也会伤害周围的人。

明成祖朱棣攻破南京后,让方孝孺为他起草诏书,方孝孺不愿意,朱棣一再逼迫,方孝孺于是拿起笔写了四个字"燕贼造反"。朱棣十分愤怒,对方孝孺说:"难道你不怕我诛杀你的九族吗?"方孝孺回答说:"你诛杀我十族我都不怕!"于是朱棣真的把方孝孺的朋友、师生算作第十族一并诛杀。方孝孺的回答很硬气,但是他的那些朋友和师生却死得实在是太冤枉了。

相对而言,五代十国的冯道做人就不那么刚烈,而是韧性很强。他的经历比较离奇,他生活在五代十国的乱世中,但并没有死在乱军之中,相反他最后活了73岁,与孔子同寿。冯道在五代十国时期十分有名望,他并没有像那些乱世诸侯一样揭竿而起,而是当了一辈子官。他当官不说,而且在燕、后唐、后晋、后汉、后周、契丹六个政权中当官,在相位上近30年。他五次被封公,死后被封为瀛王。

冯道可以说是我国历史上争议较大的一个人物，不同的人对他的评价不同，比如欧阳修说他不知道礼义廉耻，司马光说他是奸臣中最奸诈的；而苏轼却说他是佛，李贽把他归为圣人。这些有争议的评价我们暂且不管，关键问题是冯道毕竟在乱世中好好地生存了下来，而且做了很多了不起的事情。

人如果太刚不仅会让自己受伤，而且也会让身边的人受伤。太刚往往表现为太讲原则，很多事情认为自己办不到，即使丢掉自己现在的一切，也办不到。让他说别人一句好话，他做不到；让他揽上一个别人犯的错误，他做不到，他认为谁犯的错，谁就应该承担责任。这种人太刚，不能灵活机动，做人不够聪明圆滑。

其实，冯道不是一个过分讲原则的人，他比较务实，怎样做对国家和百姓有利，他就怎样做。比如，他并没有立石重睿为皇帝，而是去迎立石重贵。后世有人以这件事情为由来说明冯道这个人圆滑，是个奸佞小人。按照忠臣的一贯做法，无论主子是个什么样的人，只要是先皇嘱托的，就一定要好好辅助。如果地方势力起兵造反，大臣就要组织抵抗，实在无法抵抗就要死节，而绝对不能投降。如果地方势力不造反，大臣就要尽心辅助幼主，即使幼主是个昏君，只要自己尽心，也可以被称为忠臣。到幼主长大成人，忠臣就要交权，但在这个时候交权最大的问题是容易被陷害，而且容易被安上谋反的罪名。后世会把忠心辅助幼主的过程叫做奸臣当道。与其惹出这么多麻烦，倒不如像冯道一样务实，去迎立长君。

6. 学会低头向人求助

不是每个人都厌烦别人的求助，更多的时候，他们希望能给别人帮助，在这个过程中实现自己的价值，证明自己是个重要的人。很多朋友都是开始于求助，发展于帮助，最后以建立深厚友谊而圆满结局的。

两个人结伴外出旅游，走到一处山谷里，一个人陷入了沼泽地，他越陷越深，很快地他就只有一个头露在外面了。

他的同伴听到了他的呼叫声，"我就要死了！我就要死了！"同伴回头，吃了一惊，连忙转过身，说："不要急！快！快！快把手伸给我！"他向陷在泥潭里的人大声呼喊："我一定能把你救上来！"

可是那个人依然在那里狂叫："我就要死了，我就要死了！"

"把你的手伸给我！我就能帮你！我就会把你救上来的！"上面的人焦急而耐心地重复了一遍又一遍。

"我临死怎么还能欠你一个人情呢！你还是不要帮助我了吧！"

泥沼下的人仍旧没有伸出他的手，悲惨的事情发生了，当他的同伴把这个消息带给死者的家人时，他说："如果他把他的手伸给我就好了，但是他说不想欠我人情！"

死者父亲听后号啕大哭："他真傻啊！人活世上哪有不求人的时候呢？"

人活在世上，哪有不求人的？这也许是老人大半生的经验所得。

所有人都需要别人的帮助，但是不到万不得已没有人喜欢请求别人的帮助。也许是害怕欠下人情债,有朝一日需要自己偿还;也许是害怕别人麻烦。但是,事实上,从人性的弱点看来,人并不是都厌烦别人的求助,更多的时候,他们希望能给别人帮助,在这个过程中实现自己的价值,证明自己是个重要的人。因此,我们也不必独自硬撑着困难,必要的时候,轻松说出:"可以帮帮我吗?"这非但不会损害我们的人际关系,反而有利于提升我们的人缘。

有这样一个故事。哥哥在城市工作,弟弟在乡下种地。哥哥收入丰厚,常常明里暗中帮助弟弟,后来弟弟凭借着勤劳和智慧创办了一家企业。当了老板的他计划万事不求人,但有一天还是忍不住对哥哥说:"虽然我现在什么都不缺,但是我还是有件事要求你……我求求你,你求求我吧!我求你求我吧……"

之所以讲这个故事,只是想说明,其实每个人都渴望在帮助他人的过程中证明自己,找到一种成就感。

问问自己,当别人向我们请教某个问题或者需要我们给予帮助的时候,我们的内心深处是不是激荡着欣喜和些许的得意?

"别人向我求助,一定是我身上具有某种能力,能够解决他的问题,一定是我的某些品质让他信任我!一定是我有某些潜力让他对我有所期待……"几乎每个人都会这样思考,求助实际上是对求助对象一种变相的赞美和认可。

学生请教老师,是因为老师的博学;下属遇到麻烦,转向上司,是因为上司的权力和决策能力;行人迷路求助于交警,是因为交警对路况了如指掌;当我们出现意外,求助于某个朋友,是因为他有解决相关事情的能力,或者是因为他的友好和耐心……

总之,没有无缘无故的求助,任何一个求助的背后都包含着求助者对求助对象的信任、期望和认可。因此,大多数人在被要求给予帮助的时候总是愿意尽心尽力,所以,不必担心我们的求助会引起别人的反感,

抬高自己别人会低看你,
放低自己别人会高看你

尽管说出"你可以帮帮我吗?"这句话。只要我们的要求不过分,不让对方觉得为难,别人会乐于帮助我们的,甚至以帮助我们为荣。

"可以帮帮我吗?"这句话把别人供奉在比我们高的位置,别人自然会喜欢。被帮助的人充满了感激,帮助别人的人充满了成就感,而且在帮助的过程中,我们和对方为了解决同一个问题而共同努力,相互鼓励,增加了接触的机会,加深了彼此的印象,增进了双方的感情。

Part 12

世界的面貌取决于你凝视它的眼光

【7步教你用乐观的心态去面对一切】

1. 让心选择乐观

我们生活中的每一天都将会是一个非常积极的经历，这一天因为用于对成功的意义进行反思而成为倒计时进程的一个里程碑。今天，当我们对自己的变化感到高兴时，不妨拿出一点时间来为自己已经取得的成功庆祝一下。正如人们所说的那样：成功的意义不在于它的目标，而在于它的过程。在这个过程中，每一个前进的步伐都带有一份快乐。我们可以恶待每一天，但我们得不到什么；我们还可以善待每一天，这样我们可以得到许多。

说这一天是有意义的一天，并不表明我们是整天耽于乐观臆想的人，恰恰相反，我们是非常实际的人。这样说是因为，我们必须确定该如何看待自己的世界，因为我们明白，即使是最惨痛的失败和最沉痛的经历，里面也蕴涵着有价值的教训。每一个失败都使我们更接近成功。如果我们能够学会对自己生活中发生每一件事情，无论是好的还是坏的，都得出正确的评价，我们就能够让自己每一天的生活充实完美。这种生活态度激励我们不断地走向更大的成功。成功不是一件不得不久久等待的事情，不是一件只存在于遥不可及的未来的事情，成功存在于每一天前进途中的每一个能给我们带来欣喜的小小收获之中。现在就采取这样的生活态势，明白自己已经在许多方面获得了这样那样的成功。这会让我们感觉到无论自己选择什么样的成功之路都是有意义的，从而更有信心地接近自己的成功目标。

世界的面貌取决于你凝视它的眼光

曾有一位美国作家写过许多励志书籍，其中有一本是《只有渴望是不够的》，书中对生命的意义作出了阐述。该书的作者不无尖锐地指出：我们都在努力走向成功，并竭力向周围的每一个人表明我们的努力。非常不幸的是，这种努力有的时候占据了我们的整个生活。我们从来没有时间去和我们周围生活的人们做有意义的接触，而是错误地认为我们以后会有时间再去弥补的。我们总是忽视我们所爱的人，忽略每一天平常生活中的不平常趣味，总是到了一切都已经变得太迟了时才惶恐地珍惜与懊悔。记住，在我们弥留之际躺在病榻上时，谁也不会去说"我希望把更多的时间用在生意上"。

人生如同一只在大海中航行的帆船，掌握帆船航向与命运的舵手便是自己。有的帆船能够乘风破浪，逆水行舟，而有的却经不住风浪的考验，过早地离开大海，或是被大海无情地吞噬。之所以会有如此大的差别，不在别的，而是因为舵手对待生活的态度不同。前者被乐观主宰，即使在浪尖上也不忘微笑；后者是悲观的信徒，即使起一点风也会让他们胆战心惊，让他们祈祷好几天。面对生活一个人或是闲庭信步，抑或是消极被动地忍受人生的凄风苦雨，取决于他对待生活的态度。

一个人快乐与否，不在于他处于何种境地，而在于他是否持有一颗乐观的心。对于同一轮明月，在泪眼蒙胧的柳永那里就是："杨柳岸，晓风残月。此去经年，应是良辰好景虚设。"而到了潇洒飘逸、意气风发的苏轼那里，便又成为："但愿人长久，千里共婵娟。"同是一轮明月，在持不同心态的不同人眼里，便是不同的，人生也是如此。

二胡有两根弦，小提琴有四根弦。我国古代有七弦琴，"手抚七弦琴目送飞鸿"。国外乐器竖琴有十几根弦的，也有30根弦的，最多的有36根弦。这些弦相互配合才能使乐器发出和谐悦耳的音乐，一般来说，弦越多音乐效果越丰富。

但如果只有一根弦呢？

某著名音乐家在一场音乐会上演奏一首名曲，半途时，小提琴的弦忽然断了一根，这位音乐家没有中止他的演奏，而是用剩下的三根弦继续演奏。忽而又断了一根，这位音乐家一时性起，干脆自己扯断了第三根弦，只用唯一的一根弦演奏完了这首曲子，却博得了热烈掌声。

琴师用唯一的一根弦继续演奏，并给观众以一种全新的具有震撼力的感受。琴师名声从此大噪。

上天不会给我们快乐，也不会给我们痛苦，它只会给我们生活的作料。调出什么味道的人生，那只能在我们自己。我们可以选择一个快乐的角度去看待它，也可以选择一个痛苦的角度，像做饭一样，我们可以做成苦的，也可以做成甜的。

世界的面貌取决于你凝视它的眼光

2. 烦恼面前要笑一笑

有个王子,一天吃饭时,喉咙里卡了一根鱼刺,医生们束手无策。这时一位农民走过来,一个劲地扮鬼脸,逗得王子止不住地笑,终于吐出了鱼刺。

一对夫妻因为一点生活琐事吵了半天,最后丈夫低头喝闷酒,不再搭理妻子。吵过之后,妻子先想通了,便想和丈夫和好,但又感到没有台阶可下,于是她便灵机一动,炒了一盘菜端给丈夫说:"吃吧,吃饱了我们接着吵。"一句话把正在生闷气的丈夫给逗乐了,见丈夫真心笑了,她自己也乐开了。就这样,一场矛盾在笑声中化解开来。

雪莱说过:"笑实在是仁爱的表现,快乐的源泉,亲近别人的桥梁。有了笑,人类对感情就容易沟通了。"

不妨给自己一个笑脸,让来自于心底的那份执著,鼓舞自己插上理想的翅膀,飞向最终的成功;让微笑激励自己产生前行的信心和动力,去战胜困难,闯过难关。

笑是快乐的象征,是快乐的源泉。笑能化解生活中的尴尬,能缓解工作中的紧张气氛,也能淡化忧郁。既然笑声有这么多的好处,我们有什么理由不让生活充满笑声呢?不妨给自己一个笑脸,让自己拥有一份坦然;还生活一片笑声,让自己勇敢地面对艰难。这是怎样的一种调解,怎样的一种豁达,怎样的一种鼓励啊!

3. 凡事要往好处想

有些人始终对自己的生活不满意，总认为自己运气太差。那么，这些人不妨读读下面这篇文章。

生活是极不愉快的玩笑，不过要使它美好却也不是很难。为了做到这点，光是中头彩赢了几十万元，得了"白鹰"勋章，娶个漂亮女人，以好人出名，还是不够的——这些福分都是无常的，而且也很容易习惯。为了不断地感到幸福，甚至在苦恼和愁闷的时候也感到幸福，那就需要：善于满足现状；很高兴地感到："事情原来可能更糟呢"，这是不难的。

要是火柴在你的衣袋里燃起来了，那你应当高兴，而且感谢上苍：多亏你的衣袋不是火药库。

要是有穷亲戚上别墅来找你，那你不要脸色苍白，而要喜气洋洋地叫道："挺好，幸亏来的不是警察！"

如果你的妻子或者小姨练钢琴，那你不要发脾气，而要感谢这份福气：你是在听音乐，而不是听狼嗥或者猫的音乐会。

你该高兴，因为你不是拉长途马车的马，不是寇克的"小点"，不是旋毛虫，不是猪，不是驴，不是茨冈人牵的熊，不是臭虫。

如果你不是住在边远的地方，那你一想起命运总算没有把你送到边远的地方去，你岂不觉着幸福？

要是你有一颗牙痛起来，那你就该高兴：幸亏不是满口的牙痛起来。

你该高兴，因为你居然可以不必读《公民报》，不必坐在垃圾车上，

世界的面貌取决于你凝视它的眼光

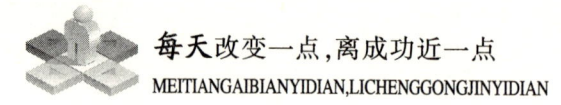

不必一下子跟三个人结婚。

要是你给送到警察局去了,那就该乐得跳起来,因为多亏没有把你送到地狱的大火里去。

要是你挨了一顿桦木棍子的打,那就该蹦蹦跳跳,叫道:"我多么幸运,人家总算没有拿带刺的棒子打我!"

要是你的妻子对你变了心,那就该高兴,多亏她背叛的是你,不是国家。

依此类推……朋友,照着我的劝告去做吧,你的生活就会欢乐无穷了。

这篇文章原本是契诃夫对企图自杀者的进言。一般人看了以后都会忍俊不禁,幽默诙谐当中的确蕴含了丰富的哲理,寄寓了他对真诚生活的向往。

将这篇文章伸展开来,我们可以想:

如果虚度了今天,那么就暗自庆幸,还有明天,可以重新开始。

如果错过了太阳,不要流泪,不然就要错过群星了。

如果正在刮台风下雨的时候,我们还在街上,把雨伞打开就够了,犯不着去说:"该死的天,又下雨了!"这样说对于雨滴,对于云和风都不起作用。我们不如说:多好的一场雨啊!这句话对雨滴同样不起作用,但是它对我们自己有好处,同时也可以把快乐传递给别人。

深圳的一次"城市精英"培训班上,有一个公司的总经理在公众面前谈他的成功经验时说:"我其实没有什么成功经验。到今天为止,40多年来,我每天做的都是很平常的事情。每天我都按计划做我每天的事情,一件事情做完了,接着再做下一件事情。走到今天,应该说我对自己还是满意的,因为,我计划中的目标都实现了。我在深圳有自己的房子、车子、公司,最近又将父母接到了身边,我感到生活让我平实地走了过来,我对生活也充满着挚爱,我在生活中学会了平常的付出,而生活却给了我超常的回报。"

这也是一种成功。

4. 积蓄于生活的低谷

人生如海，潮起潮落，既有春风得意、高潮迭起的快乐，又有万念俱灰、惆怅默然的凄苦。

如果把人生的旅途描绘成图，那一定是高低起伏的曲线，它可比呆板的直线丰富多了。

"人生得意须尽欢，莫使金樽空对月"。当你快乐时，你不妨尽情地享受这快乐，珍惜你所拥有的一切。而当生活的痛苦和不幸降临到你身上时，你也不要怨叹、悲泣。

常见许多人处于生命低谷时一味地抱怨、苦恼，长期沉溺其中不能自拔，终日被泪水和无奈的情绪包围着。其实，仔细想来，抱怨、折磨自己又有何用？只能徒增自己的痛苦，让自己坠落得更深、更惨罢了！

你应该超脱一些！为什么不换个角度想想问题，同命运抗争呢？

人类历史上许多伟人都是在生命低谷中成就惊天动地的事业的，司马迁，将苦难的心锁进历史，为人类写成了《史记》这串美丽而珍贵的项链。曹雪芹，将苦难的人生倾注在生活的大观园，为后人留下《红楼梦》这道绚丽的彩虹。

为什么伟人能在生命的低谷中铸就生命的辉煌，而我辈不能呢？

当生活中的低潮涌向我们生命之岸时，让我们庆幸吧，庆幸自己终于有时间思考了，终于有时间好好审视自己走过的路了。仔细想想，自己的生命之路哪一步走歪了，哪一步走慢了，哪一步一落千丈

世界的面貌取决于你凝视它的眼光

走得不稳了。然后，积蓄你的力量，伺机待发，生命的下一个辉煌定会光顾你！

　　人生之路充满选择和转折，当你处在人生的低谷时，可能就预示着转折的来临。人生的不幸向人们昭示的不纯粹是灾难，它或许告诉你原来的那种活法不适合你，或许告诉你原来的要求、目的和现实有偏差，它用不幸来提示你，让你暂时地心灰意冷，给你一个静心思考的机会。这个时候，你如果能抓住冥冥之中命运之神给你的这个暗示，你前面的路就会豁然开朗。

5. 清除心灵的垃圾

南宋僧人曾作一偈:"身是菩提树,心如明镜台。时时勤拂拭,勿使惹尘埃。"心如明镜,纤毫毕现,洞若观火,那身无疑就是"菩提"了。但前提是"时时勤拂拭",否则,尘埃厚厚,似茧封裹,心定不会澄碧,眼定不会明亮了。

一个人在尘世间走得太久了,心灵无可避免地会沾染上尘埃,使原来洁净的心灵受到污染和蒙蔽。心理学家曾说过:"人是最会制造垃圾污染自己的动物之一。"的确,清洁工每天早上都要清理人们制造的成堆的垃圾,这些有形的垃圾容易清理,而人们内心中诸如烦恼、欲望、忧愁、痛苦等无形的垃圾却不那么容易处理。因为,这些真正的垃圾常被人们忽视,或者出于种种的担心与阻碍不愿去扫。譬如,太忙、太累;或者担心扫完之后,必须面对一个未知的开始,而你又不确定哪些是你想要的。万一现在丢掉的,将来想要时却又捡不回来,怎么办?

的确,清扫心灵不像日常生活中扫地那样简单,它充满着心灵的挣扎与奋斗。不过,你可以告诉自己:每天扫一点,每一次的清扫,并不表示这就是最后一次。而且,没有人规定你一次必须扫完。但你至少要经常清扫,及时丢弃或扫掉拖累你心灵的东西。

每个人都有扫心地的任务,对于这一点,古代的圣者先贤看得很清楚。圣者认为,"无欲之谓圣,寡欲之谓贤,多欲之谓凡,得欲之谓狂"。圣人之所以为圣人,就在于他心灵的纯净和一尘不染,凡人之所

世界的面貌取决于你凝视它的眼光

以是凡人，就在于他心中的杂念太多，而他自己还蒙昧不知。所以，圣人了悟生死，看透名利，继而清除心中的杂质，让自己纯净的心灵重新显现。

我们都有清理打扫房间的体会吧，每当整理完自己最爱的书籍、资料、照片、唱片、影碟、画册、衣物后，你会发现：房间原来这么大，这么清亮明朗！自己的家更可爱了！

其实，心灵的房间也是如此，如果不把污染心灵的废物一块一块清除，势必会造成心灵垃圾成堆，而原来纯净无污染的内心世界，亦将变成满池污水，让你变得更贪婪、更腐朽、更不可救药。

人的一生，就像一趟旅行，沿途中有数不尽的坎坷泥泞，但也有看不完的春花秋月。如果我们的一颗心总是被灰暗的风尘所覆盖，干涸了心泉、黯淡了目光、失去了生机、丧失了斗志，我们的人生轨迹岂能美好？而如果我们能"时时勤拂拭"，勤于清扫自己的"心地"，勤于掸净自己的灵魂，我们也一定会有"山重水复疑无路，柳暗花明又一村"的那一天。

勤扫心地，勤于清除心中的垃圾，此乃"正心、诚意、修身"之径。

6. 让心窗看到美景

有两个重病患者同住在一家大医院的小病房里。房子很小，只有一扇窗子可以看见外面的世界。其中一个病人的床靠着窗，他每天下午可以在床上坐一个小时。另外一个人则终日都得躺在床上。

靠窗的病人每次坐起来的时候，都会描绘窗外的景致给另一个人听。从窗口可以看到公园的湖，湖内有鸭子和天鹅，孩子们在那儿撒面包片、放模型船，年轻的恋人在树下携手散步，在鲜花盛开、绿草如茵的地方人们玩球嬉戏，后头一排树顶上则是美丽的天空。

另一个人倾听着，享受着每一分钟。他听见一个孩子差点跌到湖里，一个美丽的女孩穿着漂亮的夏装……朋友的诉说几乎使他感觉到自己亲眼目睹了外面发生的一切。

在一个天气晴朗的午后，他心想：为什么睡在窗边的人可以独享外头的风光呢？为什么我没有这样的机会？他觉得不是滋味，他越是这么想，就越想换位子。他一定得换才行！这天夜里，他盯着天花板想着自己的心事，另一个忽然惊醒了，拼命地咳嗽，一直想用手按铃叫护士进来。但这个人只是旁观而没有帮忙，他感到同伴的呼吸渐渐停止了。第二天早上，护士来时那人已经死了，他的尸体被静静地抬走了。

过了一段时间，这人开口问，他是否能换到靠窗户的那张床上。他们搬动他，将他换到了那张床上，他感觉很满意。人们走后，他用肘撑起自己，吃力地往窗外望……

世界的面貌取决于你凝视它的眼光

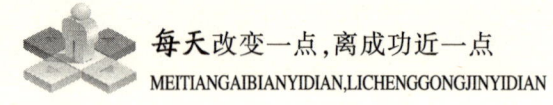

窗外只有一堵空白的墙。

如果那个人不起恶念,在晚上按铃帮助另一个人,他还可以听到美妙的窗外故事。可是现在一切都晚了,他看到的是什么呢?不仅是自己心灵的丑恶,还有窗外一无所有的白墙。几天之后,他在自责和忧郁中死去。

一个人只有心存美的意象,才能看到窗外的美景。命运对每一个人都是公平的,窗外有土也有星,就看你能不能磨砺一颗坚强的心,一双智慧的眼,透过岁月的风尘寻觅到辉煌灿烂的星星。

7. 用乐观的心态去面对一切

如果我们曾细心观察过周围的成功人士，我们会发现，他们中大多数人都拥有乐观的秉性，而那些怨天尤人，吹毛求疵的人通常容易陷入平庸无为的沮丧境地。

这并非巧合，在乐观与成功之间，仿佛有自然而然的因果关系存在。

我们相信，乐观对我们事业的成功举足轻重，通常，有志于自主创业的人们在事业之初，往往面临否定、疑惑等消极信息，而唯有积极的态度，才能开启事业之门，并使之始终充满活力。乐观能促使我们排除疑惑，更加自信；乐观能使我们设定目标，全情投入；乐观能使我们坚持到底，收获丰盛。

诚然，这世界并不总是向我们展示它乐观的一面，也并不是所有人都在积极的环境中成长，我们可能不是天生乐观，但我们可以学习选择乐观。放弃生活中消极的一面，把握生活中积极的一面，当一切尘埃落定，我们会发现，生活中阳光总是多过风雨。不妨现在就行动，把乐观融入我们自己的人生哲学和生活方式中。

一代球王贝利 1940 年 10 月 12 日出生在巴西的特雷斯科拉索内斯镇的一个贫寒家庭，小时只能赤脚踢球。13 岁时，他开始代表当地的包鲁俱乐部少年队踢球，使该队连续 3 年获包鲁市冠军。这位天才少年引起人们注目，1956 年，著名的桑托斯队邀其入队，头一年，他就攻入 32 个球，成为该队最年轻的射手。

世界的面貌取决于你凝视它的眼光

1957年，未满17岁的贝利首次入选国家队，并首次参加世界杯赛，他以惊人的技巧驰骋赛场，使足坛惊呼：巴西出现了一位神童！在这位神童的激励下，巴西队越战越勇，一一击溃强劲对手，第一次为祖国捧回了世界杯。此后，在贝利统领下，巴西队又夺得1962年第七届和1970年第九届世界杯赛冠军，贝利本人也成为至今世界上唯一一位夺得过3届世界杯冠军的球员。

贝利初到巴西最有名气的桑托斯足球队时，害怕那些大球星瞧不起自己，竟紧张得一夜未眠，他本是球场上的佼佼者，但却无端地怀疑自己，恐惧他人。后来他设法在球场上忘掉自我，专注踢球，保持一种泰然自若的心态，从此便以锐不可当之势进了一千多个球。

贝利是现代足球运动中最出类拔萃的人物，他功勋卓著，成就非凡，一直成为后人追寻的榜样，在其长达22年的职业足球生涯中，共参赛1 364场，射入1 282球，他赢得过世界杯冠军、洲际俱乐部杯赛冠军、南美解放者标赛冠军，几乎赢得了国际足坛上一切成就，被人们誉为"一代球王"。

1977年10月10日，美国宇宙队为球王举行了盛大告别赛，赛后，贝利在队友和观众的欢呼声中挥泪离场，结束了非凡的绿荫生涯。

球王贝利战胜自卑的过程告诉我们：不要怀疑自己、贬低自己，只要勇往直前，付诸行动，就一定能走向成功。久而久之，就会从紧张、恐惧、自卑当中解脱出来。因此，不甘自卑，发愤图强，积极补偿，是医治自卑的良药。

乐观是人们对事业和前途充满信心的一种精神面貌，是成功者应有的品质。乐观来自何处？乐观来自对生活强烈的爱。乐观并不是回避困难，乐观是笑对人生的体验。乐观的基础是对人生有美好追求。乐观的大敌是谁呢？是悲观。

一位著名的政治家曾经说过："要想征服世界，首先要征服自己的悲观。"在人生中，悲观的情绪笼罩着生命中的各个阶段。战胜悲观的情绪，用开朗、乐观的情绪支配自己的生命，你就会发现生活有趣得多。悲观是一个幽灵，能征服自己的悲观情绪便能征服世界上的一切困难之事。人生中悲观的情绪不可能没有，要紧的是击败它、征服它。人生在世不如意事十之八九，这是一种客观规律，不以人的意志为转移。倘若把不如意的事情看成是自己构想的一篇小说或是一场戏剧，自己就是那部作品中的一个主角，心情就会变好许多。一味地沉入不如意的忧愁中，只能使不如意变得更不如意。"去留无意，闲看庭前花开花落；宠辱不惊，漫随天际云卷云舒。"既然悲观于事无补，那我们何不用乐观的态度来对待人生，守住乐观的心境呢？

　　用乐观的态度对待人生，可看到"青草池边处处花""百鸟枝头唱春山"，用悲观的态度对待人生，举目只是"黄梅时节家家雨"，低眉即听"风过芭蕉雨滴残"。譬如，打开窗户看夜空，有的人看到的是星光璀璨，夜空明媚；有的人看到的是黑暗一片。一个心态正常的人可在茫茫的夜空中读出星光的灿烂，增强自己对生活的自信；一个心态不正常的人则让黑暗埋葬了自己，且越葬越深。

Part 13

世界给我世俗面，
我还世界纯真心

【10步教你在复杂的社会把持一个纯净的灵魂】

1. 给心灵一片澄澈

如果你每天骑着单车上下班，回家到菜市场购物一番，之后做几盘可口的家常菜，和家人孩子一起享受天伦之乐。庆幸吧，你平淡的生活充满着无比的幸福！

这个世界有太多的诱惑，因此有太多的欲望。一个人需要以清醒的心智和从容的步履走过岁月，他的精神中必定不能缺少淡泊。虽然我们渴望成功，渴望生命能在有生之年划过优美的轨迹，但我们更需要的是一种平平淡淡的快乐生活，一份实实在在的成功。这种成功，不必努力苛求轰轰烈烈，不一定要有那种揭天地之奥秘，救万民于水火的豪情。只是一份平平淡淡的追求，足矣！

生活，并不是只有功和利。尽管我知道我们大家必须去奔波赚钱才可以生存，尽管我知道生活中有许多无奈和烦恼。然而，只要我们拥有一份淡泊之心，量力而行，坦然自若地去追求属于自己的真实。能做到宠亦泰然，辱亦淡然，有也自然，无也自在，如淡月清风一样来去不觉，生活，不是要轻松得多吗？

有了这份平淡的处世心态，你就会在简简单单的生活中快乐地生活。当你忙里偷闲与爱人、孩子一同去逛公园、去看场电影、去搞一次野炊时，我相信我们都会懂得，生活其实有很多内容。我们大可不必为了一个出国名额而彻夜不眠，大可不必为一次职位的晋升而寝食难安。在平日忙碌而充实的生活中，忙便有所收获；岗位平凡但乐在其中；斗室而

居,但衣食自足。你普通,普普通通如一颗草;你平凡,平平凡凡如一朵花,但你同样可以骄傲,默默绽放的花朵也会芳香怡人!

也许,你没有辉煌的业绩可以炫耀,没有大把的钞票可以挥霍,但你拥有淡泊,这是人生求之难得的幸福了。诸葛亮有言:"非淡泊无以明志,非宁静无以致远。"淡泊是一种真我,是英雄本色。追求淡泊者,生活的道路上永远开满鲜花,永远芳香四溢;追求名利者,生活的道路上会遍布陷阱,也许只能在生命终结的一刹那体会到稍纵即逝的一丝快乐。

人生的大戏不可能永远处于高潮,平平淡淡才是真,拥有淡泊之心,便能拨云见日,体会到生活的真正内涵,否则,只能在生活的边缘徘徊,只能是舍本逐末。

2. 让自己的心灵充实起来

现代人太忙，干什么都是来也匆匆，去也匆匆。大人们忙升官，孩子们忙升学，青年人忙充电，老年人忙爬山，男人忙，女人忙……真是举国上下一片忙。如果时间的列车突然急刹车，忙得不可开交的人们突然一下了闲了下来，许多人会有一种如同晕车般的感觉，那就是内心空虚。

有句话叫"失之东隅，收之桑榆"，我们的处境证明这句话反过来说也是正确的，在整日不得闲的时候，我们忽略了生命中最重要的东西——快乐。

在我们整天忙着赚钱，物质财富得到极大丰富的今天，住在装饰得如同皇宫般金碧辉煌的钢筋水泥结构中，各种娱乐设备应有尽有，却总感到丢失了点什么，总感到心里特别空虚，总感到生活如同一潭死水一样没有生气，如同没放盐的饭菜一样没有滋味。

我们只顾着经营身体赖以寄存的有形的家，却把心灵的家园荒芜了——我们把心丢了。而心是人的主宰，是人区别于动物的唯一身份证明。马牛是没有心的，它们奔波劳碌，方才换得一把粮草，终其一生，都是为了粮草而活。如果人的行为离开心的正确指导，如果人的心灵家园荒芜，仅为了衣食而奔波，与动物又有什么差别呢？

于是乎有人到处寻找自己丢失多时的心，寻找昔日的感动与激情。有人去歌厅、迪厅寻找，有人到酒场上寻找，甚至有人动用高科技手段到网上找。可最终都一无所获。一味在物质世界里寻求，无异于缘木求鱼，一味在名声、权力、财富、享乐中寻觅，只能使心灵更加荒芜。

有人百思不得其解，为什么自己整天吃山珍海味、生猛海鲜，却不如天天背着窝头爬山的老年人活得充实？为什么自己两口子穿戴都是名牌，却不如穿粗戴俗的老年夫妻恩爱，过得有滋味？其实，老年人生活充实而富有激情也没有什么秘方。正如他们所说"我亦无他，唯心细耳"。如果我们真能和老年人一样闲暇时种竹浇花，下班后夫妻双方牵手把家还，饭后到公园中散散步，我们也能像以前一样感到充实，感到有激情，感到生活的乐趣，也能找回自己丢失的心。俗话说，"踏破铁鞋无觅处，得来全不费工夫"，快乐其实就在我们身边，只不过我们没有用心体味罢了。

3. 用心感受生活

俗话说，世上无难事，只怕有心人。生活也不例外，只要我们用心去体验、去感受，就会少一份抱怨，多一份享受；就会少一些烦恼，多一些快乐。

生活既是人的对手，也是人的朋友，你怎么待他，他便会以其人之道，还治其人之身。

作为对手，生活经常会给你出个难题，在你前进的方向设上陷阱，但是只要你用心对他，便能行走自如，便能征服他，把他变为你的朋友；作为朋友，只要你笑对人生，他便会时常让你尝到生活的美好滋味，让你体验到生活的快乐。总之，只要用心生活，生活便会把你当作永远的朋友。

用心生活，就要专心做事，就像狮子扑兔子，要全力以赴，更要像小鸟筑巢时，埋首工作。专心做事的人，像是在从事一门艺术，他能看到生活中最美好的风景。

一名农夫在偏远农村待了一辈子，从来没有离开过那片土地，从来没有去过大城市。

当一位前去采访的记者问他一辈子都住在这种恶劣的环境中，没有离开过大山，是否感到遗憾时，他回答说："没有遗憾，我每天都感到很快乐！"

生活是要用心灵去感受的。用包容、豁达的心情看待生活，即使处于生命的低谷，也会觉察到人生的美好与幸福。

4. 累时抬头看看天

耶稣说："人不能只靠面包过活，你的心灵需要比面包更有营养的东西。"你有多久没有唱歌，没有到大自然中走一走，没有读诗？是啊，对有着极大工作压力，繁重的生活负担，无余的生存现状的现代人来说，我们有多久没有关照过我们日益憔悴的心灵了？

其实，每天忙忙碌碌工作的人，并不见得就不能洒脱。关键是要在忙中求闲，苦中见乐，紧张中求轻松。只要你学会享受生活，学会体验生活的快乐，世间一切皆美好。

或许，在某一个夏日的午后，你一觉醒来突然发现，由钢筋水泥簇拥而起的高楼将狭长的影子倾覆在熙熙攘攘的街道上，空中纵横的电线密如蛛网，偶尔栖落的几只可爱的小麻雀，远远望去，如活蹦乱跳的音符，透过喧嚣，竟给人以一种恬淡澈明的美妙。

在这样一个美丽的午后，你何不走出去，带着自己的心灵一起散步，带着自己的心灵一起看看天呢？

是的，抬头看看天吧，朋友，看看苍穹云卷云舒，你会发现，你的心灵从来没有这么惬意过！看看头顶上的那片天，浮云逍遥地飘在广阔的苍穹，似奔马，似群羊，似高山，似游丝。好白的云，好美的云，就在我们的头顶上，悄然无声地上演着一幕幕精彩绝伦的剧目。

你肯定会慨叹：生活中原来有这么美的天空，生活中原来有这么美的云彩！可是，为什么你的步履总是那么匆匆，你的鞋子总是蒙着一层细土，你的履底无缘阅读洁白美丽的云朵？你的心遗忘在何处了？你的眼睛在追逐着什么？你为什么从来没有发现头顶上这片可供心灵散步的青天？

仔细阅读头顶上的这片天吧，你的答案就在其中，天上的云彩，最能明白你水一般的心境！

朋友，你相信吗？在这个喧嚣的世界里，有许多事情真的并不比抬头看天更重要。如果你我有缘相聚在心灵的天空，就请和我站到一起，让我指给你看吧——你我心灵的天空上，开着那么多上帝来不及采摘的花朵。

5. 栽一颗心灵情感树

前几天从《读者》上看到这样一则故事：

一个农场主，雇了一个水管工来安装农舍的水管。水管工的运气很糟，头一天，先是因为车子的轮胎爆裂，耽误了一个小时。再就是电钻坏了。最后呢，开来的那辆载重一吨的老爷车趴了窝。他收工后，雇主开车把他送回家去。到了家门前，水管工邀请雇主进去坐坐。在门口，满脸晦气的水管工没有马上进去，沉默了一阵子，再伸出双手，抚摸门旁一棵小树的枝丫。待到门打开，水管工笑逐颜开，和两个孩子紧紧拥抱，再给迎上来的妻子一个响亮的吻。

在家里，水管工喜气洋洋地招待这位新朋友。雇主离开时，水管工陪着他向车子走去。雇主按捺不住好奇心，问："刚才你在门口的动作，有什么用意吗？"水管工爽快地回答："有，这是我的'心灵情感树'。我到外头工作，磕磕碰碰，总是有的。可是烦恼不能带进门，这里头有太太和孩子嘛。我就把它们挂在树上，让老天爷管着，明天出门再拿走。奇怪的是，第二天我到树前去，'烦恼'大半都不见了。"

当今社会，生活节奏紧张，生活中的变化总是不可避免地给人们带来种种烦恼。烦恼如果得不到及时排解，淤积于心，往往影响健康。长期下去，可引起胃溃疡、高血压、偏头痛和神经衰弱等疾病，甚至会成为癌症的"催化剂"。最致命的是，烦恼也传染，如果把烦恼带回家，家人的心情也会被搞坏，使整个家庭气氛一下子紧张起来。

栽上一棵心灵情感树吧，朋友！当你苦恼的时候，可以向它倾诉，当你愤怒的时候，可以向它发泄。"心灵情感树"是枕边一双倾听的耳朵，可以听到你的苦诉；"心灵情感树"是亲昵的拥抱，可以抚慰受伤的心灵；"心灵情感树"又是温暖的微笑……

栽上一棵心灵情感树吧，朋友！它不一定在家门前，可以是无形的，栽在心田一角；可以是有形的，像水管工的"心灵情感树"一样，可以是向朋友电话里的倾诉，可以是日记本里的宣泄。

美国前总统林肯就有一棵"心灵情感树"。

美国前总统林肯"永不寄出的信件"，被公认为是消除怒气的烦恼的良方。一次，林肯的一位朋友愤愤不平地向林肯诉说了另一位朋友的无理。林肯听后不平地说："你马上写信去痛骂他，往后不要与他来往。"信写后，却被林肯拿过来撕了，林肯笑着说："我写过不少这样的信，但从来没有也永远不会寄出去，我们可以尽情地倾诉心中的不快，但没有理由去伤害他人。"这位朋友通过写信，烦恼与怒气已消除了大半，听了林肯的话自是感叹不已。

烦恼人人都有，伟人也不例外，林肯把烦恼通过写信发泄出来，既获得了心理平衡，又不会伤害别人，真是一举两得。最终，林肯成为美国历史上最伟大的总统之一。

6. 用音乐来抚慰心灵

音乐是一种听觉艺术，是一种人类共有的语言。它来源于生活，为我们的情感服务。听适合的音乐，可以优化人的性格，平稳人的情绪，提高人的修养品位，甚至有养生保健、延年益寿的神奇功效。

医学专家通过大量的研究证明，人类需要通过音乐来抒发自己的感情，并从中受益。音乐可以调节人体大脑皮层的生理机能，提高体内生物的活性，调节血液循环和活化神经细胞。另外，音乐会使人体的胃蠕动更有规律，能够促进肌体新陈代谢，增强抗病能力。

在医学上有一个著名的"莫扎特效应"：当你听一曲莫扎特之后，你的大脑活力将会增强，思维更敏捷，运动更有效，它甚至可缓解癫痫病人等患神经障碍的病人的病情。在 IQ 测试中，听莫扎特的受试者得分比其他人更高。

1975 年，美国音乐界的知名人士金太尔夫人因乳腺癌缠身，身体状况每况愈下，濒临死亡的边缘。这时候，金太尔夫人的父亲不顾年迈体弱，天天坚持用钢琴为爱女弹奏乐曲。或许是充满爱心的旋律感动了上苍，两年之后奇迹出现了，金太尔夫人胜利地战胜了乳腺癌。

重新康复后，她热情似火地投身于音乐疗法的活动，出任美国某癌症治疗中心音乐治疗队主任。金太尔夫人弹奏吉他，自谱、自奏、自唱，引吭高歌，帮助癌症病人振奋精神，与绝症进行顽强的拼搏。

德国科学家马泰松致力于音乐疗法几十年，在对爱好音乐的家庭进行调查后注意到，常常聆听舒缓音乐的家庭成员，大都举止文雅，性情温柔；与低沉古典音乐特别有缘的家庭成员，相互之间能够做到和睦谦让，彬彬有礼；对浪漫音乐特别钟情的家庭成员，性格表现为思想活跃，热情开朗。他由此得出结论说："旋律具有主要的意义，并且是音乐完美的最高峰。"音乐之所以能给人以艺术的享受，并有益于健康，正是因为音乐有动人的旋律。

音乐是起源于自然界中的声音，人与自然息息相关，所以音乐对人的精神、脏腑必然会产生相应的影响。音乐主要是通过乐曲本身的节奏、旋律，其次是速度、音量、音调等的不同而产生疗效的各异。

在进行音乐治疗时，应根据病情诊断，在辩证配曲的原则下，选择适当的乐曲组成音疗处方。

烦恼时听听音乐，能重新燃起生活的热情，唤起人们对美好生活的回忆和憧憬，使人心理趋于平静，心绪得到改善，精神受到陶冶。圣人孔子就非常爱听音乐，他自称是"余音绕梁，三月不知肉味"。

既然音乐有这么多用处，你不妨在工作之余，茶余饭后，戴上耳机，听一曲柔美舒缓的音乐，让身心在优美动听的节奏中彻底放松。

听音乐是一种心情，不同的心情听不同的乐曲。当心情不好或闲着无事的时候，一个人静静听音乐，那种幽静与迷情的感觉像把心带离了这喧嚣的尘世，置身于大自然的怀抱里，感受云淡风轻，闭上眼睛，隐藏在内心深处的情感在音符的排列中，如清澈的溪流缓和而安静地淌过，一种淡淡的感动随之而来，浮躁的心渐渐回归平静。

7. 养一个宠物为伴

在当今，越来越多的人喜欢养宠物，养的最多的是狗和猫，也有人养青蛙或乌龟作宠物，最近听说日本有人把猪当宠物。为什么有这么多的人喜欢宠物呢？其实原因很简单，生活在都市中的人们，工作、生活压力大，人际关系冷漠，人与人之间私人交往甚少。这种生活让人不得不受孤独寂寞的煎熬。养个宠物，下班以后感情便有了依托，心灵便能得到一丝安慰。

其实，人类与动物的关系本来就很近，人类本身就属于动物的一种，只不过有智慧、更高级而已。即使进化到今天，人与动物也有许多相似之处。且不说基因上的类似，就是感情上，人与动物就有许多相通之处，只要我们对它付出真心的关怀，绝大部分动物就会给我们最真实、最自然的情感回应。从它们身上，我们仿佛也能看到显微镜下的自我。人类也会因为小动物们的情绪高低起伏，在自己内心亦跟着做高低不同的快乐指数变化。前一段时间新闻报道说，新西兰78岁的米利根遗下300万新西兰元，合170万美元，成立信托基金，照料南部城市克赖斯特彻奇的猫狗。由此可见人与动物的关系非同一般。拿狗来说吧，我们人类与狗的关系，可以上溯到非常遥远的上古时期。那时，狗在我们人类的生活中多是充当为人类服务、受人类役使的角色，譬如狩猎、看家、运输，等等。然而，随着人类的进步，狗在人类生活中的地位不断提高，当然，在今天狗也仍然在发挥着它那原始且古老的作用，但是，狗在今天受到的待遇，却绝不只是这些，某些狗的待遇可以与人相媲美，甚至于超过一些人。

　　动物学家认为，养宠物不但可以给人做伴，打破孤独，而且可以治疗许多疾病。美国宾州大学研究证实，宠物能消除压力、稳定情绪、松弛生理紧张、预防疾病。小狗可帮助人们生理上深度休息，哈佛大学医学院的哈博特·本生博士把这称为"放松反应"。研究表明，每天进行两次放松反应，每次只需10~20分钟，就可以祛除压力或焦虑对健康的损害。真诚的爱心可舒缓身体的不适，所以世界各地的爱犬人士都坚持说，狗的存在能增进人的锐气。

　　宠物还可以让人保持心脏健康，下班以后，和心爱的宠物呆上一会儿，能解除身心疲劳，让人感到无限放松。澳大利亚墨尔本的研究人员发现，饲养宠物的人与不饲养宠物的人相比，他们的血压、胆固醇和甘油三酯的水平都要低一些，而这些脂肪物质与心脏病有着密切关系。此外，养宠物还能改善免疫系统，增强身体对疾病的抵抗力。

　　许多人都发现，养宠物之后身心健康，生活变得充实。当人感受到被关爱、照顾和支持，当人处于融洽的氛围之中，就会生活得更加幸福和健康。如果你觉得缺乏温情和关爱，那么养一只小狗，你就会拥有这一切。

　　人类因为有爱，世界才变得更可爱。何不与动物交朋友，让动物的感情，带给你点点快乐时光，让动物充实你的人生，装点你的生活。有了它，你的生活会更精彩！

8. 多种方式教你度过休闲时光

生活在大都市里,时常让人感到孤独,假期越来越长了,却时常让人感到无所适从,不知如何去消磨这漫漫长假。出去逛街,受不了那份拥挤时的痛苦和等待绿灯时的无奈。满大街全是人,却都很陌生,没有一张熟悉的面孔,让人在嘈杂中孤独。在家不出门,却又让人在寂寞中难耐,这时你不妨找些事做,学着心安理得地去消磨时光,也让自己疲惫的身心在长假中得到休整、放松,以迎上班以后的新一轮工作压力。

你可以选择各种方式来消磨时光,下面介绍几种供你参考。

看碟。对照着网上的最新碟片推荐,找你感兴趣的各种 DVD 来看。去买、去租都可以,如果你实在懒得出门,你也可以到网上去下载。这是消磨时间的好办法。

看书。拿出自己早就买了却一直没读的书,或是到书店买回当前正在热销的书,利用长假静下心来大看特看,真正过上一把读书瘾,绝对让你比吃了麻辣烫还痛快。

健身。既然有大把的时间不上班,何必非等下班后或周末才去打球、爬山?想干什么都来得及,学瑜伽,学游泳,只要你愿意。当然,此时要注意不要让自己过于劳累,不能在休假时反而更疲劳。

做家务。既然自己在家里,也就不必请小时工了,省得一边担心小时工摔了自己心爱的花瓶,一边又客客气气地唯恐自己变成黄世仁。充分利用这段时间,你可以把家里家外来个彻底大扫除。打扫完后,看着焕然一新的房子，你会充分体验到享受劳动成果的快乐，心情兴奋至极。

烹饪。民以食为天，谁不爱美食？上班时每天总是匆匆忙忙填饱肚子，那叫做饭。每天乱吃乱喝的人，绝成不了美食家。不上班了，可以不慌不忙讲究色、形、香、味，一边满口生香，一边琢磨那一道菜如何到火候，真正体验一回烹饪之乐。

养宠物。狗是人类最忠实的朋友，养个小狗，下班回家后，小狗会为你衔来拖鞋，小狗能陪你散步、逛街。小猫更是会体贴人，当你高兴的时候，它会和你玩耍，当你伤心的时候，它会用那温柔的爪子去安慰你；当你愤怒的时候，它会很知趣地不去烦你。

运动。俗话说："生命在于运动。"只有运动，才能显出生命的活力，才能让人有个健康的体魄，而健康的体魄又是革命的本钱。例如，即使在与伊拉克动武的时候，小布什也始终坚持跑步。既然有了充足时间去做运动，就应该充分利用，可以去健身房，也可以在家中，只要自己喜欢，想怎么运动，就怎么运动。

写字。谋杀寂寞的最佳良药是写字，如果你喜欢毛笔字，可以在空闲时间，一个人待在家里挥毫泼墨，也可以去参加业余书法培训班；如果你喜欢钢笔字，可以一边听着音乐，一边练习钢笔字。

上网。平时因为工作忙，总是挤出牙膏大小的时间去上网，每次总是像情人分手似的依依不舍。现在好了，有了足够的时间让你在网上畅游，如果你愿意，可以整天泡在网上，直到眼睛受不了或自己没时间了为止。

聊天。平时由于没时间，冷落许多朋友，现在可以利用休息时间煲一段"电话粥"，或是用QQ在网上聊它个天昏地暗。

9. 我心已闲，物我两忘

你是不是常常为了生存而四处奔波？你是不是因为竞争残酷而备受煎熬？你是不是因为前途渺茫而心烦意乱？朋友，不妨静下来，耐心地坐一会儿，放松一下心情，调节一下情绪，进入全新的工作或学习的状态。

闲适，是指心灵的宁静和情绪的平静；恬淡，指的是处乱不惊的沉着和遇事冷静的平和。拥有了闲适与恬淡，你就拥有了快乐与舒曼。

如果想在现今繁杂沉重的社会重压下更好地生活，心绪必须时时平和恬淡、安宁悠闲。这种恬淡与闲适不是老庄的"无为"，不是脱离现实世界，也不是消极避世，而是自我创建一片心灵的乐土，适时的自我调解和自我放松。

寻三五志同道合者，利用双休或节假日，跋山涉水，融入大自然，宠辱皆忘，物我合一，其乐陶陶。密树幽林，崎岖险径，清溪静泉，飞瀑流涧，几声鸟鸣，几声猿啸，几只野兔悠然奔跑，几头小鹿追逐嬉戏，七八伐木护林工人辛勤工作，四五牧童牛背笛箫……得遇此境，置身自然，将灵魂尽皆托付与她，大自然用母亲般的胸怀接纳我们，于是乎心灵中的污垢随微风的吹拂而游移，随溪泉的流淌而过滤，留下深情，任你神思品味，哪里还有烦恼可言？

与琴棋书画为伍也是追求闲适的好方法，喜好音乐者，可随手弹吟哼唱，大自然的各种声音便在琴瑟笛箫中悠悠流动。喜好下棋者，找一两个棋友，对弈厮杀，围魏救赵、釜底抽薪、海底捞月、丢车保帅，仿佛置身沙场的大将，又如运筹帷幄的军师，整盘棋局尽在掌握之中。爱好读书，则会时时与先贤古人会话，与其同荣共辱，或拍案而怒，义愤填膺，或摇首叹息、痛断肝肠。得古人之恩，学今人之道，古今中外的人物尽现唇齿之间。爱好艺术的人，可体味王羲之洗砚、吴道子作画，可欣赏达·芬奇的《蒙娜丽莎》，自我愉悦，自得其乐。

现在，闲暇时可以上上网，打开聊天工具，即可以和老朋友打场招呼，也可以找几个陌生人随便神吹胡侃一通。也可以下载几首爱听的歌曲，边欣赏边看网络文学；也可以看看网上电影，也可以玩一会网络游戏。当然，要适可而止，不要过度。只要自己喜欢，同样可以获得闲适的心情，拥有闲情雅致。

"白日放歌须纵酒，青春做伴好还乡。"除网吧外，各种其他酒吧也是放松身心的好去处。

"万里长江横渡，极目楚天舒……今日得宽余。"当然，有意识地参加户外活动和体育锻炼也是很好的休闲方式。

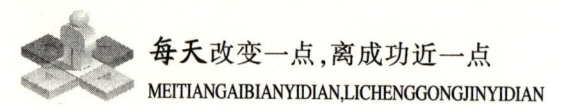

10. 在游山玩水中放逐自己

生活中，人们为名利而奔忙，虽是弄得身心疲惫，却往往不知道自己真正追求的是什么。不妨利用假日走进大自然，当你登临高山、对视大河，面对大自然的美景时，才会顿悟，返璞归真才是自己真正的追求目标，生命中许多追求并非真的有必要，也不是自己真正想要的东西。

大自然是一本无字的书，深入到自然中，游山玩水，看幽谷清泉、奇石怪草、或醉卧草地、或赋诗山间，其中有不尽的乐趣，能让人忘记生活中的种种争斗与心机。在忙碌的生活中，适时在游山玩水中放逐自己，给心灵一个反思、放松的机会，该是多么美好啊！

生活中不顺之事十之八九，此时不妨去登山，或是河边坐一坐。置身大山中，走在绿树成荫的山间小路上，望着那大自然造就的奇石怪状，听着叮咚的泉水声，以及那清脆的鸟鸣声，让人感到如同置身世外桃源，心中的种种不快，也随着那缭绕的云雾慢慢散去。迈步海滨，一望无垠的大海，波涛汹涌的海面，让人顿生几分豪气。通过旅游，既可以领略祖国的秀美山川，又可以遍访历史的足迹。缅怀古人，既放松了心情，又让自己的心灵受到洗礼。

大自然的魅力在于它巨大的生命力。越是原始的地方，我们越是感觉到生命力的强大。大自然的神奇，可以让人真切体会到生命的渺小和珍贵；大自然的美丽，可以让人体会到人生的美好。所以，生活中当你感到烦闷时，不妨背起行囊，一个人独自去游山玩水，到大自然中放逐自己。

经过长时间的紧张工作，我们在旅游中变换兴奋点，放松，释放疲劳，从而能够以旺盛的精力重新投入工作。给自己一段假期，放松自己于山水中。让山水的灵性，涤尽自己工作上、情绪上、思想上的烦累！

置身大自然，迈步山水间，任我心自由自在地驰骋，让人在物我两忘的意境中，将天地万物置于空灵之中。这是何等快意、何等无拘无束的心境啊！罗素曾经说过："我们的生命是大地生命的一部分，就像所有动植物一样，我们也从大地上吸取营养。"当你走进大自然，投入它那宽广的胸怀时，大自然的一草一木似乎都有灵性，都会抚慰你受伤的心灵。望着山中那历经沧桑的松柏，以及那经历了千百年风吹雨打的岩石，你会重新豪情万丈，平添许多与困难作斗争的勇气。

Part 14

即便生活有太多的痛苦，
　我们仍要心存感恩

【9 步让你轻松拥有幸福心态】

1. 心中有幸福感的人，世界都会被感动

生活中，人们的追求尽管千差万别，然而本质都是对幸福的追求，只不过对幸福的理解不同。有的人认为有钱就是幸福，他们追求金钱，有的人认为有权就是幸福，他们便追求权力；有的人认为平安是福，他们就追求平安……19世纪西班牙小说家瓦尔台斯在《第四种权力》中说："人是为了幸福被创造出来的。"幸福不歧视任何人，大多数人如果下定决心去过幸福生活，就一定能幸福。

是啊，幸福本来就是紧随生活的脚步，与生活相伴而生的，只不过我们没有仔细去体会罢了。如果我们的眼睛只盯着那些不好的方面，便会对幸福视而不见。如果试着改变一下自己的观察角度，或许就是另一个样子。

有个老太太生了两个女儿，大女儿嫁给伞店老板，小女儿当了染坊店的主管。于是老太太整天忧心忡忡。逢上晴天，她怕大女儿伞店的雨伞卖不出去；逢上雨天，她又担心小女儿染出的布晾不干。天天为女儿担忧，日子过得很忧郁。

久而久之，愁出了一身的毛病。

后来一位聪明人告诉她："老太太，你真是好福气，下雨天，你大女儿的伞店会顾客盈门；而晴天你小女儿的布店又生意兴隆，不论哪一天你都应该高兴才是啊！"老太太一想，果真是这个道理，从此，老太太便整天笑容满面，再也不忧郁了，身体的毛病自然也好了。

事情本来就是这么简单，同样的天气，心态一转，忧愁就变成了幸福。

其实，事情往往就是这样，感到不幸，是因为心态不正确，是因为我们排斥幸福，而不是事情本身带有不幸。如果抱着抵触情绪，即使幸福悄然降临身边，也会毫无觉察，与之失之交臂。

林肯说过："大部分的人，在决心要变得更幸福时，就会有那种幸福的感觉。"幸福是一种感觉，幸福的根源是我们的头脑，而不是口袋里所藏的东西。所以说，幸福只在一念之间。

美国心理学家哈利·克塞克曾经提出感受幸福的九个步骤，值得我们借鉴：

（1）换一种心情看生活。把孩子的微笑当成珠宝，在帮助朋友中得到满意感，与书里的人物共欢乐。

（2）控制你的时间。幸福的人确定大的目标，然后落实在每天的行动中。一天写300页书是件很难的事，然而每天写两页则非常容易办到。这样坚持150天，你就可以写成一本书，这个原则可应用于任何工作。

（3）增强积极情绪积累。消极的情绪使人沮丧，而积极的情绪催人奋进。幸福的人做的每一件事都是努力消除消极情绪的过程。

（4）优待身边的人。要学会很好地对待亲近的朋友、配偶。能够一下数出5个亲密朋友的人，有60%的人比不能数出任何朋友的人更感幸福。

（5）面带幸福感。实践表明真正面带幸福感的人，他们更感到幸福，经常欢笑更能在大脑中引起幸福的感觉。

（6）不要无所事事。不要把自己困在电视机前，要沉浸于能用你的技能做的事情中。

（7）多参加室外活动是对付压力和焦虑的良药。对感到一定压力的大学生做的调查表明，经常在室外锻炼的学生情况要明显好于不参加者。

（8）好好休息。幸福的人精力充沛，但他们仍留出一定的时间睡眠和享受孤独。

（9）有信仰的人更幸福。有无信仰与幸福感的研究表明，有信仰的人比没有信仰的人更有幸福感。

2. 品味生活的幸福

爸爸问女儿："你幸福吗?"女儿答："幸福。"

爸爸让女儿试着举例，女儿说："比如现在呀。"当时晚饭后，他陪女儿一起登上楼顶，仰卧观天上的星星。这只是一件平常的小事，我们差不多每个人小时候都有类似的经历，都有这样的无数幸福时刻。

爸爸让女儿再举例，女儿说比如妈妈爱用茶叶水洗枕头，每每睡觉时都有淡淡的茶叶香味。还有妈妈在刚刷完油漆的屋子里放些菠萝，风儿一吹整个屋子就充满了芳香的菠萝味了。

这些本是生活中极其平常的小事，谁也无心去在意这些，可我们却难得有这样的幸福体味，只能到遥远的童年去寻找这样的感动。

这段故事是在收音机中听到的，听完之后，我萌生了一种感动。生活中原来时时刻刻充满了幸福，这幸福来自于生活的细枝末节，只有用心去品味，幸福同样有色香味，同样可观可闻可吃可品。

朋友给我讲过这样一个故事：

一个欲离婚的女子厌烦了现有的琐屑生活，但她一直对其外祖母的幸福和谐生活充满好奇。有一天她终于忍不住打开了外祖母的日记，原来里面记录着外公为她洗了多少衣服，吻过她多少次，洗过多少次脚……

相信任何人读到此处都会吃惊，原来生活中的琐屑小事便是幸福的源泉。

生活是由一件件的琐碎之事连缀而成的，在这根线上的点点滴滴都融汇着幸福的纽扣。细品着细琐的每一点每一滴,你就会觉得生活更加丰富多彩。

品味生活要多想些美好之处。因为生活毕竟不是只有鲜花,时时充满阳光。我们要想成功地走出郁闷和哀愁,就要多思考生活中美好的一面,从中品味幸福。比如下班了,妻子做好可口的饭菜,这就是一种幸福,不要因为她时常埋怨而自悔自恼,也不要因为她的心胸褊狭而自怨自艾。再如,生病了,同事们都拿着礼物来看望你,应该感到他们对你的关心,而不能过多考虑他们是否怀有其他目的。

一滴水珠可以照见太阳的光辉。品味生活的幸福是从小处着眼,不要因为事情小而忽略了别人对你的关爱。你上班迟到了,同事帮你打扫了地板,擦干净了桌子;下雨了,有人将伞伸到你上面的领空与你共享;当你向朋友借钱,哪怕发生屠格涅夫《兄弟》中的"我"遇到乞丐的情景也无所谓。所有这些都是生活的一部分,都值得我们深深地怀恋,让我们感动。

收获与付出往往成正比。我们在品味别人给我们带来的便利时也要想到去给予。同时,给予别人快乐也是一种幸福。给予幸福,你就会收获幸福,因为你为自己创造了幸福。

即便生活有太多的痛苦,
我们仍要心存感恩

3. 家是生命中温馨的港湾

三毛说："家就是一个人在点着一盏灯等你。"

当你受伤的时候，当你孤立无助的时候，当你一无所有的时候，别忘了回家，家会轻轻抚平你的创伤，家会用真情温暖你孤独的心。漂泊良久，你会发现，唯有家才是你最忠实的港湾，唯有家才是你可以停靠的码头。

有个故事讲得很好：

有个年轻人离别了母亲，来到深山，想要拜活菩萨以修得正果，路上他向一个老和尚问路，寒暄之际，年轻人说明了动机，并问老和尚哪里有得道的菩萨。

老和尚打量了一下年轻人，缓缓地说："与其去找菩萨，还不如去找佛。"

年轻人顿时来了兴趣，忙问："那么请问哪里有佛呢？"

老和尚说："你现在回家去，在路上有个人会披着衣服，反穿着鞋子来接你，记住，那个人就是佛。"

年轻人拜谢了老和尚，开始启程回家，路上不停地留意着老和尚说的那个人，可是快到家里时，也没见到。年轻人又气又悔，以为是老和尚欺骗了他，他回到家时已经是很深很深的夜里，他灰心丧气地抬手拍门。他的母亲知道自己的儿子回来了，急忙抓起衣服披在身上，连灯也来不及点着就去开门，慌乱中连鞋子都穿反了。年轻人看到母亲凌乱的样子，不禁热泪盈眶，心里也立即领悟了。

屋檐虽低，门槛依旧，不管你是衣锦还乡，还是失魂落魄蓬头垢面而归，家的门永远为你敞开着。岁岁年年，年年岁岁，无论春夏还是秋冬，家永远执著地为你抵挡外来的风风雨雨，为你撑起一柄爱的巨伞。

我们从出生到老去，谁能离得开家的怀抱？谁能挣得脱家那永远不变的炽热情怀？小时候，家是母亲，长大了，家是父亲，我们就是被父亲从鸟笼中放飞的却又被紧紧牵挂的那只雏鹰，脆弱又坚强，翅膀虽稚嫩但充满着崇高的理想。结婚后，家是妻子那温情脉脉的眼神，家是孩子那甜甜的醉人的吻。再往后，家是子孙绕膝的天伦之乐，是风雨同舟几十载的老伴的唠叨。

家是生命中永恒的歌谣，无论我们是在茫茫黑暗中，还是在冰天雪地里，充满祝福与爱的歌声永远会萦绕在我们的耳畔，给我们带来希望，带来真实的温暖！

即便生活有太多的痛苦，
我们仍要心存感恩

4. 掌握幸福的秘诀

什么是幸福？有人认为能随心所欲就是幸福，有的人认为享福就是幸福，也有的人认为能够心想事成就是幸福，更有甚者把幸福量化为两套房子，一辆汽车，漂亮小姐（有钱老公）等。其实，这些都不是幸福的真正内涵。

心理学家们对"主观幸福"的研究提出了新观点：幸福不分性别，幸福不依赖于年龄，财富不能创造幸福。按照美国心理学家哈利·克塞克的说法，幸福意味着生活在一种"沉醉"的状态中，研究者通过对生活得轻松而幸福的人的研究总结了在生活中令自己幸福的十大秘诀。

（1）不抱怨生活：幸福的人并不比其他人拥有更多的幸福，而是因为他们对待生活和困难的态度不同，他们从不问"为什么"，而是问"为的是什么"，他们不会在"生活为什么对我如此不公平"的问题上做长时间的纠缠，而是努力去想解决问题的方法。

（2）不贪图安逸：幸福的人总是离开让自己感到安逸的生活环境，幸福有时是离开了安逸生活才会积累出的感觉，从来不求改变的人自然缺乏丰富的生活经验，也就难以感受到幸福。

（3）感受友情：广交朋友并不一定带来幸福感，而一段深厚的友谊才能让你感到幸福，友谊所衍生的归属感和团结精神让人感到被信任和充实，幸福的人几乎都拥有团结人的天才。

（4）勤奋工作：专注于某一项活动能够刺激人体内特有的一种荷尔

蒙的分泌，它能让人处于一种愉悦的状态。研究者发现，工作能发掘人的潜能，让人感到被需要和责任，这给予人充实感。

（5）降低负面影响：少接受些有关灾难、谋杀或其他的负面消息，这样，无形中就保持了对世界的一份美好乐观的态度。

（6）生活的理想：幸福的人总是不断地为自己树立一些目标。通常我们会重视短期目标而轻视长期目标，而长期目标的实现更能给我们带来幸福感受，你可以把你的目标写下来，让自己清楚地知道为什么而活。

（7）给自己动力：通常人们只有通过快乐和有趣的事情才能够拥有轻松的心情，但是幸福的人能从恐惧和愤怒中获得动力，他们不会因困难而感到沮丧。

（8）规律的生活：幸福的人从不把生活弄得一团糟，至少在思想上是条理清晰的，这有助于保持轻松的生活态度，他们会将一切收拾得有条不紊，整齐而有序的生活让人感到自信，也更容易感到满足和快乐。

（9）珍惜时间：幸福的人很少体会到被时间牵着鼻子走的感觉，另外，专注还能使身体提高预防疾病的能力，因为，每30分钟大脑会有意识地花90秒收集信息，感受外部环境，检查呼吸系统的状况以及身体各器官的活动。

（10）心怀感激：抱怨的人把精力全集中在对生活的不满之处，而幸福的人把注意力集中在能令他们开心的事情上，所以，他们更多地感受到生命中美好的一面，因为对生活的这份感激，所以他们才感到幸福。

即便生活有太多的痛苦，
我们仍要心存感恩

5. 幸福只是一种感觉

英国哲学家罗素说："幸福的生活在很大程度上，必是一种宁静安逸的生活，因为只有在宁静的气氛中，真正的快乐幸福才能得以存在。"

试问，一个人尽管在外面获得安全，而他的心境常是忧惧恐慌的，其幸福又有几分呢？

斯宾诺莎认为：一个人的幸福，即在于他能够保持自己的存在。

费尔巴哈也有类似的论述，他说，生命本身就是幸福。他认为幸福是生活的本性：所有一切属于生活的东西都属于幸福，因为生活和幸福原来就是一个东西。

亚里士多德认为美德就是幸福。他说："行为所能达到的全部善的顶点又是什么呢？几乎大多数人都会同意这是幸福。"

不论是一般大众，还是个别出人头地的人物都说："善的生活，好的行为就是幸福。"

杜威则认为幸福只在于行为的不断成功，而不是道德行为所追求的最终目的。

弗洛姆也有类似的看法，他认为幸福是一个人创造性心灵所带来的结果，是个人在思想上、情感上以及行为上的一切创造性活动所带来的喜悦。

亚里士多德认为能用理智来指导生活，就是最高的幸福。他认为，神的活动，那就是最高的幸福，也许只能是思辨活动，而与此同类的人的活动，也就是最大的幸福。

卢梭也有类似的看法，认为狂热和激情都是短暂的，只是生命长河中的几个点，不能构成一种境界，幸福是一种境界。

爱因斯坦认为，一种实际工作的职业就是一种最大的幸福。

池田大作在与基辛格谈论人生时总是说，能够遇上给自己带来最大启发的人，就是人生最大的幸福。

幸福是不让交通、雨水、炎热、寒冷以及不得不排队等候等情况影响我们的心情。幸福是做我们喜欢的事，是喜欢我们所做的事，是生活中有很多希望，是永远祝福别人。

幸福首先是个人的决定。每个清晨，当我们醒来的时候，我们都有机会选择让自己幸福还是不幸福地度过难忘的一天，或者只是又过一天而已。

幸福是一种态度。不管是我们面对一项全新的事业，还是面对生活中出现的任何一种新的情况，人生道路上的每一个境遇都给了我们一个积极应对或消极应对的机会。正是我们选择的应对方式，决定了在事情结束后我们所感受到的幸福和不幸福的程度。

幸福是一种自我感受，一种心理状态，幸福是无形的。尽管劳动成果、艺术享受、爱情、婚姻、家庭、爱好、修养、经历、境遇等都能给人带来幸福感受，但没有一种相应的尺度可以衡量幸福。

"物质幸福"是存在的，所以我们在努力建设"物质文明"。但是，纯粹物质享乐并不等于幸福，物质的多少并不一定带来相应的幸福的大小。金钱是存在的需要，金钱可以买得来刺激，甚而买得来"快乐"，但不一定买得来幸福。有钱难使精神贫乏不幸福的人推动幸福的磨盘。一切的喧嚣浮华至多是表面的快乐而不是真正的幸福。

此外，最重要的是，幸福是寻求和体验生活中的平衡。幸福是对生活的方方面面都有一个目标，并保证自己每天都朝着实现这个目标的方向前进。幸福是拥有个人、专业和家庭目标，并让这些目标成为一项行动计划的一部分，努力使我们的生活保持平衡。

幸福更多的时候是一种心境，追求幸福，包含着人们对美好生活的企盼，更寄托着人们对人生境界的追求。不同的人有不同的志向和理想，体现了不同的信念追求和价值取向。"人活着是要有一点精神的"，人生的价值并不在于获取了多少、享受了多少，更多的时候在于为社会作了多少贡献、给他人带来多少福祉。因为只有这样，人类才能繁衍生息，社会才得以不断进步。否则，人人都去索取，都去为了个人的幸福而不顾他人的感受、甚至不择手段，人类社会就会灭亡。因此，那些为人民谋利益、谋幸福的人，本身也是最洒脱、最幸福的人。

6. 幸福是一种心态

早晨睁眼看到美丽的朝阳，鼻子嗅到清新的空气，感受到早晨的美好，那么我们是幸福的；在公司里出色完成任务，受到老板表扬，赢得同事们的尊重，那么我们是幸福的；下班回家，看到桌子上香甜可口的饭菜和孩子优秀的成绩单，那么我们是幸福的；晚饭后陪同爱人和可爱的孩子在公园中散步，享受天伦之乐，那么我们是幸福的……生活中令我们幸福的事很多，只要我们细心观察，用心体味，就会发现有许多乐趣包含其中。我们也许会说，这些小事何以成为人人渴望的幸福？难道幸福一定是雍容华贵、惊天动地吗？在著名作家毕淑敏的《提醒幸福》中有这样一段话可以很好地诠释幸福："幸福绝大多数是朴素的，它不会像信号弹似的，在很高的天空闪烁红色的光芒。它披着本色的外衣，亲切温暖地包裹起我们。"

幸福出现的频率并不像我们想象得那样少。人们常常只是在幸福的马车已经驶过去很远时，拣起地上的金鬃毛说，原来我见过它。幸福是时刻存在的，只要用心品味，会发现它离我们并不远。

当一个小孩得到他盼望已久的洋娃娃时，这是幸福；当一位学生因学习成绩十分优秀常受到人们的赞扬时，这是幸福；当一位白领工作一帆风顺时，这是幸福；当一位已婚妇女有了爱她的丈夫和听话的孩子时，这也是幸福。幸福的方式太多了，不胜枚举。

不同的人有着不同的幸福。对于那些容易满足的人来说得到幸福的

即便生活有太多的痛苦，
我们仍要心存感恩

时刻便多些。对于那些有大的期盼的人来说总觉得自己不够幸福或者幸福根本就没有降临到他（她）的身上。其实幸福是个很简单的东西，准确地把握瞬间来到我们身边的暖流，这些就是幸福。幸福是蜜糖，最好甜淡适中，这样才能恰到好处。而且只有心中认为有幸福的存在才会使自己幸福。

　　我常听身边的人抱怨命运的不公，生活的平淡；幸福对我们来说，似乎是一种太奢侈的东西，如同海市蜃楼一般，可望而不可即。直到有一天，读到享誉全球的大教育家苏霍姆林斯基的这样一个故事：

　　曾在一个春天，他和他的学生们共同买了一条小木船，然后划到一个荒无人烟的小岛上去探险。教育家写道："可能有人会想，作者想借这些事例来炫耀自己特别关心孩子。不对，买船是出于我想给孩子们带来快乐，对于我就是最大的幸福。"

　　其实幸福很简单，也离我们很近。幸福实际上就存在于我们生活的细微处。如一杯温热的茶，置于我们面前的桌上，或者平淡，或者浓烈，也或者居于两者之间。关键是品尝者的心境。一饮而尽者，肯定尝不出个中滋味。如果坐下来细品，其中的苦与甜便从我们的感觉中充分流露出来。

　　发现幸福，才能感觉幸福；感觉幸福，才能把握幸福；把握幸福，生活才有滋有味。生活有滋味，我们才能真正获得幸福。幸福，其实真的很简单。人们渴望幸福，却往往在幸福之中感受不到幸福，发现不了幸福，更把握不住幸福。"把握"似于"享受"，如果我们把握住幸福，自然就能享受到幸福。

　　幸福是一种态度，不是一种状态。是在清洗百叶窗时聆听一曲咏叹调，或愉快地花一小时清理壁橱。它出现在某一时刻，不是在"有一天……"的遥远诺言中。

7. 幸福就是活在当下

从前，有一座圆音寺，香火很旺。在圆音寺庙前的横梁上有个蜘蛛结了张网，由于每天都受到香火和虔诚的祭拜的熏染，蜘蛛便有了佛性。

忽然有一天，佛祖光临了圆音寺，看见这里香火甚旺，十分高兴。离开寺庙的时候，不经意间地抬头，看见了横梁上的蜘蛛。佛祖停下来，问这只蜘蛛："你我相见总算是有缘，我来问你个问题，看你修炼了这1000多年，有什么真知灼见。怎么样？"蜘蛛遇见佛祖很是高兴，连忙答应了。佛祖问道："世间什么才是最珍贵的？"蜘蛛想了想，回答道："世间最珍贵的是'得不到'和'已失去'。"佛祖点了点头，离开了。

又过了1000年的光景，蜘蛛依旧在圆音寺的横梁上修炼，它的佛性大增。一日，佛祖又来到寺前，对蜘蛛说道："1000年前的那个问题，你可有什么更深的认识吗？"蜘蛛说："我觉得世间最珍贵的是'得不到'和'已失去'。"佛祖说："你再好好想想，我会再来找你的。"

又过了1000年，有一天，刮起了大风，风将一滴甘露吹到了蜘蛛网上。蜘蛛望着甘露，见它晶莹透亮，很漂亮，顿生喜爱之意。蜘蛛每天看着甘露很开心，它觉得这是3000年来最开心的几天。突然，又刮起了一阵大风，将甘露吹走了。蜘蛛一下子觉得失去了什么，感到很寂寞和难过。这时佛祖又来了，问蜘蛛："这1000年，你可好好想过这个问题：世间什么才是最珍贵的？"蜘蛛想到了甘露，对佛祖说："世间最珍贵的是'得不到'和'已失去'。"佛祖说："好，既然你有这样的

即便生活有太多的痛苦，
我们仍要心存感恩

认识,我让你到人间走一遭吧。"

就这样,蜘蛛投胎到了一个官宦家庭,成了一个富家小姐,父母为她取了个名字叫蛛儿。一晃,蛛儿到了16岁了,已经成了个婀娜多姿的少女,长得十分漂亮,楚楚动人。这一日,新科状元郎甘鹿中试,皇帝决定在后花园为他举行庆功宴席。席间来了许多妙龄少女,包括蛛儿,还有皇帝的小公主长风公主。状元郎在席间表演诗词歌赋,大献才艺,在场的少女无一不被他倾倒。但蛛儿一点也不紧张和吃醋,因为她知道,这是佛祖赐予她的姻缘。

过了些日子,说来很巧,蛛儿陪同母亲上香拜佛的时候,正好甘鹿也陪同母亲而来。上完香拜过佛,两位长者在一边说上了话,蛛儿和甘鹿便来到走廊上聊天。蛛儿很开心,终于可以和喜欢的人在一起了,但是甘鹿并没有表现出对她的喜爱。蛛儿对甘鹿说:"你难道不曾记得16年前,圆音寺的蜘蛛网上的事情了吗?"甘鹿很诧异,说:"蛛儿姑娘,你漂亮,也很讨人喜欢,但你想象力未免丰富了一点吧。"说罢,和母亲离开了。

蛛儿回到家,心想,佛祖既然安排了这场姻缘,为何不让他记得那件事,甘鹿为何对我没有一点的感觉?几天后,皇帝下召,命新科状元甘鹿和长风公主完婚,蛛儿和太子芝草完婚。这一消息对蛛儿如同晴空霹雳,她怎么也想不到,佛祖竟然这样对她。几日来,她不吃不喝,穷究急思,灵魂就将出壳,生命危在旦夕。太子芝草知道了,急忙赶来,扑倒在床边,对奄奄一息的蛛儿说道:"那日,在后花园众姑娘中,我对你一见钟情,我苦求父皇,他才答应。如果你死了,那么我也就不活了。"说着就拿起了宝剑准备自刎。

就在这时,佛祖来了,他对快要出壳的蛛儿灵魂说:"蜘蛛,你可曾想过,甘露(甘鹿)是由谁带到你这里来的呢?是风(长风公主)带来的,最后也是风将它带走的。甘鹿是属于长风公主的,他对你不过是生命中的一段插曲。而太子芝草是当年圆音寺门前的一棵小草，他看了你3000年，爱慕了你3000年，但你却从没有低下头看过它。蜘蛛，我再来问你，世间什么才是最珍贵的？"蜘蛛听了这些真相之后，一下子大彻大悟了，她对佛祖说："世间最珍贵的不是'得不到'和'已失去'，而是现在能把握的幸福。"刚说完，佛祖就离开了，蛛儿的灵魂也回位了，睁开眼睛，看到正要自刎的太子芝草，她马上打落宝剑，和太子紧紧地抱在一起……

　　故事结束了，你能领会蛛儿最后一刻所说的话吗？"世间最珍贵的不是'得不到'和'已失去'，而是现在能把握的幸福。"幸福是什么？幸福就在于把握现在，珍惜所有，坚信我们所拥有的就是最好的。

即便生活有太多的痛苦，
我们仍要心存感恩

8. 拥有美德就是幸福

一位哲学家带着他的一群学生去周游世界。10年间，他们游历了很多的国家，拜访了许多有学问的人，现在他们回来了，个个满腹经纶。在进城之前，哲学家在郊外的一片草地上坐下来，对他的学生说："10年游历，你们都已是饱学之士，现在学业就要结束了，我们上最后一课吧！"

弟子们围着哲学家坐了下来，哲学家问："现在我们坐在什么地方？"弟子们答："现在我们坐在旷野里。"哲学家又问："旷野里长着什么？"弟子们说："旷野里长满杂草。"

哲学家说："对，旷野里长满杂草，现在我想知道的是如何除掉这些杂草。"弟子们非常惊愕，他们都没有想到，一直在探讨人生奥妙的哲学家，最后一课问得竟是这么简单的一个问题。

一个弟子首先开口说："老师，只要有铲子就够了。"哲学家点点头。

另一个弟子接着说："用火烧也是很好的一种办法。"

哲学家微笑了一下，示意下一位。

第三个弟子说："撒上石灰就会除掉所有的杂草。"

接着第四个弟子说："斩草除根，只要把根挖出来就行了。"

等弟子们都讲完了，哲学家站了起来，说："课就上到这里了。你们回去后，按照各自的方法除去一片杂草，1年后再来相聚。"

1年后，他们都来了，不过原来相聚的地方已不再是杂草丛生，它变成了一片长满谷子的庄稼地。

原来,哲学家在这片草地上种上了稻谷,稻谷好似美德,杂草好似烦恼,要想让灵魂无纷扰,唯一的方法就是用美德去占据它。

美德是一杯香茗,是一杯美酒,是一朵芳香四溢的鲜花。美德可以让心灵摆脱痛苦。心灵被美德所占据,烦恼、纷争等便失去了生存的空间,欲望便会枯萎。快乐是美德所结出的硕果,拥有美德,便拥有快乐。

中华民族有许多传统美德,诸如助人为乐、拾金不昧、安贫乐道等。助人为乐者,予人乐也予己乐,帮助困难中的人做一点力所能及的事情,过后看着别人那挂满笑容的脸,自己心里何尝不是欣慰得很呢?拾金不昧者也是快乐的,捡到别人丢失的东西,如果占为己有,会整天提心吊胆,总担心被别人认出来或是东窗事发,而这种私欲,要以长期甚至是终身忍受心灵的折磨为代价。相反,如果能拾金不昧,则会皆大欢喜。总之,只有拥有美德才能让烦恼无法接近,才能有一颗快乐的心。

苏东坡说:"吾上可陪玉皇大帝,下可陪卑田院乞。眼前见得天下无一个不是好人!"美德是心灵的润滑剂,它让人有一颗平常心,有一颗爱心。拥有了美德,我们便不会与人争名夺利,凭空与人起纷争;便不会为一丝小利而烦恼。美德本身就是报酬,它能给人们带来最高尚而真实的快乐。在美德的磨刀石上,我们爱心的刀刃会更加锋利。

9. 享受过程也是一种幸福

一只小猫听说只要咬到自己的尾巴就会幸福，于是小猫拼命地咬自己的尾巴，但是怎样也咬不到。于是它跑到猫妈妈那里说："妈妈，我咬不到尾巴，我得不到幸福。"猫妈妈对小猫说："傻瓜，你不要管自己的尾巴，只管向前走就会找到幸福了。"于是小猫又高兴地走开去玩耍了。

幸福是什么？怎样才能得到幸福？恐怕我们也像那只小猫一样迷茫。在追求幸福的路途中，往往迷失方向。追求幸福是每个人的权利，获得幸福是人生的目的。但是幸福不是从天上掉下来的，把幸福寄托在命运的恩赐上，是绝对不可能获得真正的幸福的。幸福是一种过程，正如林特耐所言，我们称之为幸福的东西，绝不是某种东西，而是某种过程。真正的幸福并不在于目标是否达到，而在于为达到目标所进行的奋斗。

幸福与快乐有关，又不完全等同于快乐。词典上说，"感到幸福或满意"即为快乐。感到幸福当然是快乐的，但感到满意与快乐不一定会感到幸福。幸福是一种更高也更深刻的人生境界。

幸福是一种理想的实现，更是一种对理想的追求。追求即幸福，一如马克思所说的"斗争就是幸福"。德国学者莱辛说，幸福存在于追求理想的过程中，追求理想比实现理想更有意义。追求崇高的理想，就有了崇高的人生境界，就有了高品位的幸福人生。尽管我们不一定每个人都能实现人生理想，但追求过、奋斗过、拼搏过就是幸福。这就像体育比赛中的"重在参与",没有跑道上其他队员的参与,也就没有了精彩的比赛,更不会有冠军的诞生。在大学毕业之际,一位老师给学生的毕业赠言是"奋斗比成功更幸福"。为理想和事业而奋斗的过程使我们感到充实,充实的人生才是幸福的人生。幸福是一种"善"的品格,是一种爱心的奉献,是一种关心他人胜过自己的人生大境界。"为人民谋幸福"的领袖是幸福的;"为官一任,造福一方"的领导干部是幸福的;"先天下之忧而忧,后天下之乐而乐"的仁人志士们是幸福的。"把大写的人字写向蔚蓝的天空"是幸福的;"他心里装着广大人民群众,就是没有他自己"是幸福的;"把藏族人民的疾苦看成是自己的疾苦,把藏族人民的幸福看成是自己的幸福"是幸福的……这可都是金子般珍贵的"精神幸福"啊!那些"把自己的幸福建立在他人的痛苦之上"的人,哪有什么真正的幸福呢?那是对真正幸福的践踏……

　　幸福是心灵的一种状态,它伴随着宽松欢愉的想法,幸福是我们内在的一种功能,要充分理解这一点,我们还要充分认识到内在的忧虑。它们是不同的实体,像人的两只耳朵,在日常生活中相互联系,相互制约。只要我们理解自己是谁,我们就能决定用哪一个功能为自己服务,因为我们能够控制它们。我们既能养成忧虑的习惯,也能养成幸福的习惯。

即便生活有太多的痛苦,
我们仍要心存感恩

Part 15

战胜自己，
你就是世界上最成功的人

【6步教你认识自己，强大内心】

1. 战胜自己就是一种超越

人有了信心，就会产生意志力。人与人之间，弱者与强者之间，成功与失败之间最大的差异就在于意志力量的差异。人一旦有了意志的力量，就能战胜自身的各种弱点。

美国有位叫凯丝·戴莱的女士，她有一副好嗓子，一心想当歌星，遗憾的是嘴巴太大，还有龅牙。她初次上台演唱时，努力用上嘴唇掩盖龅牙，自以为那是很有魅力的表情，殊不知却给别人留下滑稽可笑的感觉。有位男听众很直率地告诉她："龅牙不必掩藏，你应该尽情地张开嘴巴，观众看到你真实大方的表情，相信一定会喜欢你的。也许你所介意的龅牙，会为你带来好运呢！"

一个歌唱演员在大庭广众之下暴露自己的缺陷，首先需要用理智说服自己，还要有勇气打败自己。凯丝·戴莱接受了这位男听众的忠告，不再为龅牙而烦恼，她尽情地张开嘴巴，发挥自己的潜能和特长，终于成为美国影视界的大明星。

世界著名的游泳健将弗洛伦丝·查德威克，一次从卡得林那岛游向加利福尼亚海湾，在海水中泡了16小时，只剩下1海里时，她看见前面大雾茫茫，潜意识发出了"何时才能游到彼岸"的信号，她顿时浑身困乏，失去了信心。于是她被拉上小艇休息，失去了一次创造纪录的机会。事后，弗洛伦丝·查德威克才知道，她已经快要登上了成功的彼岸，阻碍她成功的不是大雾，而是她内心的疑惑。是她自己在大雾挡住视线之后，对创造新的纪录失去了信心，然后才被大雾所俘虏。过了两个多月，弗洛伦丝·查德威克又一次重游加利福尼亚海湾，游到最后，她不停地对自己说："离彼岸越来越近了！"潜意识发出了"我这次一定能打破纪录"的信号，顿时浑身来劲，最后，弗洛伦丝·查德威克终于实现了打破纪录的目标。

　　战胜自己就是创造一个崭新的自己，而不是走向倒退。蝌蚪恨自己不能像鸟儿一样在陆地上蹦跳唱歌，就努力长出四肢，忍痛割掉自己的尾巴，变成了一只青蛙，这是进步；蛹虫脱掉外衣，走出躯壳，变成了一只翩翩起舞的蝴蝶，这是一次自我蜕变，也是进步。传说海狮的祖先曾是狮子中的一种，它生长于大山之中，却梦想海洋的生活，终于演变成海洋大家庭的一员，可它往日的威风和凶猛却荡然无存，只留下了几根猫一样的长胡须。这不是生物的进化，而是生物的倒退，这种否定方式是不可取的。

2. 学会正确评估自己

纪伯伦在其作品里讲了一只狐狸觅食的故事：

狐狸欣赏着自己在晨曦中的身影说："今天我要用一只骆驼作午餐呢！"整个上午，它奔波着，寻找骆驼。但当正午的太阳照在它的头顶时，它再次看了一眼自己的身影，于是说："一只老鼠也就够了。"狐狸之所以犯了两次截然不同的错误，与它选择"晨曦"和"正午的阳光"作为镜子有关。晨曦不负责任地拉长了它的身影，使它错误地认为自己就是万兽之王，并且力大无穷无所不能，而正午的阳光又让它对着自己已缩小了的身影忍不住妄自菲薄。

大师笔下的这只狐狸在现实生活中大有人在。对自己认识不足，过分强调某种能力或者无根无据承认无能。这种情况下，千万别忘记了上帝为我们准备了另外一块镜子，这块镜子就是"反躬自省"四个字，它可以照见落在心灵上的尘埃，提醒我们"时时勤拂拭"，使我们认识真实的自己。

尼采曾经说过："聪明的人只要能认识自己，便什么也不会失去。"正确认识自己，才能使自己充满自信，使人生的航船不迷失方向；正确认识自己，才能正确确定人生的奋斗目标。只有有了正确的人生目标，并充满自信，为之奋斗终生，才能此生无憾，即使不成功，自己也会无怨无悔。

世界上没有两片完全相同的树叶，人也一样，每个人都是上帝的宠儿。正确认识自己，既看到自己的长处，也认识到自己的不足，给自己正确定位，这样才能自信地去迎接机遇和挑战，给自己创造更多的成功和欢乐。虽然，生活赋予我们每个人的并不是完全相同的阳光雨露，但上帝是无私的，天生我才必有用，只要我们正确认识自己，不失去自知之明，就能谱写属于自己人生的华美乐章。

正确认识自己，要给自己正确定位。

美国汽车大王福特小时候在农场中干活，他从小就坚信自己能成为一个出色的机械师。他没有听从父亲的安排，在农场当助手，而是把时间花在了自己喜欢的机械师训练上。他曾经花了两年时间去研究蒸汽机原理，试图实现自己的梦想。后来他又投入汽油机研究，每天花大量时间来从事这方面工作，不顾别人的劝阻与嘲讽。他的创意终于得到发明家爱迪生的赏识，邀请他到底特律担任工程师。这给予了他实现自己人生定位的绝好机会。经过10年努力，在他29岁时，福特终于成功地制造出第一部汽车引擎。现在，底特律成为美国最大的工业城市之一，而福特也成为家喻户晓的汽车大王。他终于实现了自己的梦想。福特的成功，不能不归功于他正确的定位和不懈的努力。

正确认识自己，才能最大限度地发挥自己的才能，才能谱写出更多的辉煌，才能获得更大的成功与快乐。

3. 让自己与众不同

我们知道,雪花是独一无二的,没有任何两朵雪花是相同的,你的指纹、声音和DNA也是如此。因此,可以肯定,我们每一个人也是独一无二的,历史上从来没有完全像我们一样的人存在过,但是我们怎样与别人区别开来呢?那就要看我们的个性。遗憾的是,大多数人个性并不鲜明,因而大多数人往往庸庸碌碌,平平凡凡。

个性是什么?个性是一个人的性格特点和外表的总和,是与别人所不同的地方。一个人所穿的衣服、声调、思想、品格等这一切构成其个性。个性不等于独出心裁,如今的时代是个讲求个性的时代。很多人为了突出自己的个性,在形象上大做文章,苦心孤诣地将自己打扮成另类,比如染五颜六色的头发,穿大得惊人的衣裤,戴怪异的耳环等,这不是个性。

品格是个性中最重要的部分,高尚的品格可以使你的个性变得美丽而诱人。高尚的品格,是从实际生活中锻炼出来的。品格的力量在于支持你战胜人生中的种种艰难险阻,甚至突破生理给你的限制,让你的生命放射出异彩。品格赋予你鲜明的个性,赐予你事业的伟大。

对于个性,我们无法下结论说,什么样的个性一定好,什么样的个性一定差。但对于一个人,一定要有个性。西方有句名言:"性格即命运。"我们也可以说个性决定命运。没有个性或者太过平庸的个性都不能有所建树,因为这样的人,不能把自己的独特品格表现出来,因而也就没有任何过人之处。与此相反，个性鲜明的人，往往有所专长，成就不凡的事业。

沈从文是卓有成就的散文大家。他的散文别具一格，自成一家，其文朴素平淡、纯朴自然、深沉隽永、饱含灵秀的风格，令人赞叹不已。

文如其人，沈从文的个性也是淡泊名利、顺其自然，这使他在苦难中站稳了脚跟。新中国成立后，沈从文被分配到历史博物馆工作，中断了文学创作，但他通过努力又成为一位文物专家。

沈从文是一个随遇而安的人，当他被分配到历史博物馆时，馆里给他的工作是给文物分类写标签。这虽然是一种机械性劳作，沈从文却自得其乐。他把这当作一项全新的事业，对文物着了迷。改行使他必须一切从头学起，为此，他简化生活，甚至忘了下班。几年后，沈从文以惊人的毅力，成为中国服饰史方面的专家。

"文革"中，面对狂飙飓风，沈从文十分洒脱。当时有人要焚烧他许多研究材料，沈从文并不感到愤懑，他无比镇定与淡泊。淡泊的沈从文从平淡中走向辉煌。

人的一生，要能正确认识自己，最好别违心地做人，别戴假面具，要能够走进自己的精神家园，活出自己的个性。

4. 强人能够掌控自己的心

爱蒙德·托马斯爵士曾带队攀登圣母峰，但由于某个队员意外死亡而中途折返。不过，他返回伦敦时仍受到英雄般的欢迎。

欢迎酒会上，不乏当时大英帝国的达官贵人。在演说台背后，挂着一幅巨大的圣母峰照片。托马斯在众家权贵的欢呼下站起来答谢，并转身对着巨照说："圣母峰，虽然你把我击败，但我还会再来一次。而下次我一定赢你，因为，你不像我那样能日益壮大。"

事实上，不仅登山队员，包括我们每一个人，都会遇到难关。成功与否，就要看你是能够突破难关还是看到难关就放弃，看你是否能有勇气战胜自己。

面对逆境和挫折，强者总能掌控自己的内心。即便迎接的是凄风苦雨，也能够调整好心态，保持平和和乐观，积极地奋勇向前，最终解决掉一个又一个的困难。

战胜自己的人就是强者。不管怎样的难关，都想去突破，这样努力的人就一定会成功。认为无法突破的人，才会觉得身处败局。

相信自己，如果绝境中你有一颗强大的内心，那么你就没有不能做到的事，你终会向成功逐步迈进。因为强大的内心和意志力往往能给你勇气和信念，使你耐力倍增，百折不挠。

不要因别人的冷言冷语就让我们的梦想之火熄灭。梦想是你成功的强大能源，只要你的内心的那盏信念之灯不熄，就能真正从绝境中飞起来。败局,对于消极悲伤者是绝境,而对于内心强大者,则是成功的一个起点,是自我历练的一次考验。

战胜自己的人,是内心强大的,这样的人可以称为掌控内心的强者。人只要产生了积极的情绪,那么他对生活、对工作就会充满兴趣和激情,并将此作为自己奋发向上的一种动力。

日本人有一个值得我们大家学习的地方,就是每天上班前,对着镜子自信地大声说:"我是最棒的!"然后走向岗位,于是一天的精神备受鼓舞。

如果一个人成天无精打采、心神恍惚,虽然并没有受到重大打击,但就是不能进入状态,难得看到他眉飞色舞的样子,更别指望他能感染旁人。这样的人,能想象他冒风险,顶压力,克服种种困难,领导一个团队创业成功吗?

没有强大的内心和积极的情绪,就不可能全心全意投入工作,不可能创造性地解决工作中的难题,更不可能有创业的力量和勇气,要成为团队的领袖,更是妄想。

强人能够掌控自己的内心,懂得管理自己的情绪。他们不会过喜过悲,不因失败而失控,不因成功而得意忘形。而有的人却不是这样,上司表扬了,他会激动不已;商店打折了,他会兴高采烈;电视剧里破镜重圆了,他会触景生情。其实,这种情绪并不能变为一种催人奋发上进的动力。

所以,当我们有困惑的时候并不可怕,怕的是找不到钥匙而变得心凉;当我们在情感的路上遇到挫折并不可怕,怕的是因此而变得意志消沉;当我们遇到天灾人祸时并不可怕,怕的是因此而沉溺;只要我们有激情,只要有信心,再大的困难也能战胜,因为强者都能够通过掌控自己的内心战胜自我,让自己变得更加强大。

5. 让我投降是绝不可能的

清晨，一个士兵正端着枪巡逻，当他转过城堡的拐角时，迎面撞上一个也端着枪的士兵，从装束上很容易看出，那正是敌军的士兵。两人相距只有不足两米远，他们几乎同时将枪口对准了对方的胸膛。

这么近的距离，不管谁先开枪，打死对方的同时，自己肯定也会被对方打死，动起手来只能是同归于尽，要想保住性命，就需有一方投降。

这是一场意志力的对抗。双方就这样无声地对视着。

他们对峙的时间只有十几秒钟，但他们都感觉时间是那么的漫长。

这名士兵咬紧了牙关，他的头脑里只有一个念头：必须有一方投降，但投降的绝不是我！

他看见自己的"敌人"先是呼吸急促，然后是大汗淋漓，接着是双手失控——枪掉到了地上，最后是腿软绵绵地跪在了地上，举起了双手。

很多时候，我们面对的并不是你死我活的敌人，而是我们自己的妥协。对于我们心中的妥协意念，绝对不能投降。你投降了，妥协就占据了上风。不认输、不放弃是一种强烈的获胜信念。信念是一种巨大的动力，它可以推动我们去做别人认为不可能成功的事情。生命是一艘巨轮，只要我们的信念不沉没，我们的船就永远不会沉没。

几千年来，人们一直认为要在4分钟跑完1英里是件不可能的事。但在1954年，著名的短跑名将罗杰·班纳斯特却做到了。

他之所以能创造这项佳绩，一是得益于体能上的苦练，二是归功于他精神上的突破。在此之前,他曾在脑海里多次模拟4分钟跑完一英里,长久下来便成为一种强烈的信念,因而对神经系统有如下了一道死命令,必须完成这项使命。

他果然做到了大家认为不可能成功的事。谁也没有想到,在班纳斯特打破纪录的第二年里,竟然有近400人先后也都达到这项记录。

在对有价值的目标的追求过程中,充满着各种令人沮丧和感到危险的磨砺。假如我们身陷不测,与强盗歹徒展开生死搏斗,只有把他打倒,我们才能够活命。那么这时我们不可能再去请教拳击教练、柔道专家,我们唯一能做的就是舍命拼搏,这样往往会取得胜利。

6. 和自己的心灵对话

有人问古希腊大学问家安提司泰尼:"你从哲学中获得了什么呢?"他回答说:"同自己谈话的能力。"

同自己谈话,就是发现自己,发现另一个更加真实的自己。

法国大文豪雨果曾经说过:"人生是由一连串无聊的符号组成。"的确,我们生活中的大多数时光都在很普通的日子里度过,有时,看似很正常的生活,感受上却似走进生活的误区,有点儿浑噩,有点儿疲惫,有点儿茫然,有点儿怨恨,有点儿期盼,有点儿幻想,总之,就是被一些莫名其妙的情绪、感受占据了内心的思想、生活,而懒得去理清。

于是,我们总是在冥冥之中希望有一个天底下最了解自己的人,能够在大千世界中坐下来静静倾听自己心灵的诉说,能够在熙来攘往的人群中为我们开辟一方心灵的净土。可芸芸众生,"万般心事付瑶琴,弦断有谁听?"

其实,我们自己,不就是自己最好的知音吗?世界上还有谁,能比自己最了解自己的呢?还有谁能比自己更能替自己保守秘密的呢?

朋友,当你烦躁、无聊的时候,不妨和自己对对话,让心灵退入自己的灵魂中,使自己与自己亲密接触,静下心来聆听来自己心灵的声音,问问自己:

我为何烦恼?为何不快?我满意这样的生活吗?

我的待人处事错在哪里?

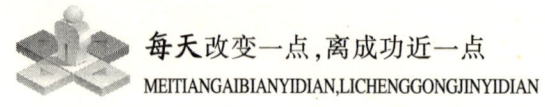

我是不是还要追求工作上的成就？

我要的是自己现在这个样子吗？生命如果这样走完，我会不会有遗憾？

我让生活压垮或埋没了没有？

人生至此，我得到了什么、失落了什么？我还想追求什么？

……

这样，在自己的天地里，你可以慢慢修复自己受伤的尊严，可以毫无顾忌地"得意"，可以认真地剖析自己。你还可以说服自己、感动自己、征服自己。有位作家说得一段话很有道理："自己把自己说服，是一种理智的胜利；自己被自己感动了，是一种心灵的升华；自己把自己征服了，是一种人生的成熟。"把自己说服了、感动了、征服了，人生还有什么样的挫折、痛苦、不幸不能被我们征服呢？